José Antônio Garcia

Em Busca da Alma Feminina

José Antônio Garcia

Em Busca da Alma Feminina

Marcel Nadale

imprensaoficial

São Paulo, 2008

GOVERNO DO ESTADO DE
SÃO PAULO
TRABALHANDO POR VOCÊ

Governador   José Serra

imprensaoficial   **Imprensa Oficial do Estado de São Paulo**

Diretor-presidente   Hubert Alquéres

Coleção Aplauso

Coordenador-geral   Rubens Ewald Filho

Apresentação

Segundo o catalão Gaudí, *não se deve erguer monumentos aos artistas porque eles já o fize-ram com suas obras.* De fato, muitos artistas são imortalizados e reverenciados diariamente por meio de suas obras eternas.

Mas como reconhecer o trabalho de artistas geniais de outrora, que para exercer seu ofício muniram-se simplesmente de suas próprias emoções, de seu próprio corpo? Como manter vivo o nome daque-les que se dedicaram à mais volátil das artes, es-crevendo, dirigindo e interpretando obras-primas, que têm a efêmera duração de um ato?

Mesmo artistas da TV pós-videoteipe seguem esquecidos, quando os registros de seu trabalho ou se perderam ou são muitas vezes inacessíveis ao grande público.

A *Coleção Aplauso*, de iniciativa da Imprensa Oficial, pretende resgatar um pouco da memória de figuras do Teatro, TV e Cinema que tiveram participação na história recente do País, tanto dentro quanto fora de cena.

Ao contar suas histórias pessoais, esses artistas dão-nos a conhecer o meio em que vivia toda uma classe que representa a consciência crítica da sociedade. Suas histórias tratam do contexto social no qual estavam inseridos e seu inevitável reflexo na arte. Falam do seu engajamento político em épocas adversas à livre expressão e as conseqüências disso em suas próprias vidas e no destino da nação.

Paralelamente, as histórias de seus familiares se entrelaçam, quase que invariavelmente, à saga dos milhares de imigrantes do começo do século passado no Brasil, vindos das mais variadas origens. Enfim, o mosaico formado pelos depoimentos compõe um quadro que reflete a identidade e a imagem nacional, bem como o processo político e cultural pelo qual passou o país nas últimas décadas.

Ao perpetuar a voz daqueles que já foram a própria voz da sociedade, a *Coleção Aplauso* cumpre um dever de gratidão a esses grandes símbolos da cultura nacional. Publicar suas histórias e personagens, trazendo-os de volta à cena, também cumpre função social, pois garante a preservação de parte de uma memória artística genuinamente brasileira, e constitui mais que justa homenagem àqueles que merecem ser aplaudidos de pé.

José Serra
Governador do Estado de São Paulo

Coleção Aplauso

O que lembro, tenho.
Guimarães Rosa

A *Coleção Aplauso*, concebida pela Imprensa Oficial, visa a resgatar a memória da cultura nacional, biografando atores, atrizes e diretores que compõem a cena brasileira nas áreas de cinema, teatro e televisão. Foram selecionados escritores com largo currículo em jornalismo cultural para esse trabalho em que a história cênica e audiovisual brasileira vem sendo reconstituída de maneira singular. Em entrevistas e encontros sucessivos estreita-se o contato entre biógrafos e biografados. Arquivos de documentos e imagens são pesquisados, e o universo que se reconstitui a partir do cotidiano e do fazer dessas personalidades permite reconstruir sua trajetória.

A decisão sobre o depoimento de cada um na primeira pessoa mantém o aspecto de tradição oral dos relatos, tornando o texto coloquial, como se o biografado falasse diretamente ao leitor.

Um aspecto importante da *Coleção* é que os resultados obtidos ultrapassam simples registros biográficos, revelando ao leitor facetas que também caracterizam o artista e seu ofício. Biógrafo e biografado se colocaram em reflexões que se estenderam sobre a formação intelectual e ideológica do artista, contextualizada na história brasileira, no tempo e espaço da narrativa de cada biografado.

São inúmeros os artistas a apontar o importante papel que tiveram os livros e a leitura em sua vida, deixando transparecer a firmeza do pensamento crítico ou denunciando preconceitos seculares que atrasaram e continuam atrasando nosso país. Muitos mostraram a importância para a sua formação terem atuado tanto no teatro quanto no cinema e na televisão, adquirindo, linguagens diferenciadas – analisando-as com suas particularidades.

Muitos títulos extrapolam os simples relatos biográficos, explorando – quando o artista permite – seu universo íntimo e psicológico, revelando sua autodeterminação e quase nunca a casualidade por ter se tornado artista – como se carregasse desde sempre, seus princípios, sua vocação, a complexidade dos personagens que abrigou ao longo de sua carreira.

São livros que, além de atrair o grande público, interessarão igualmente a nossos estudantes, pois na *Coleção Aplauso* foi discutido o processo de criação que concerne ao teatro, ao cinema e à televisão. Desenvolveram-se temas como a construção dos personagens interpretados, a análise, a história, a importância e a atualidade de alguns dos personagens vividos pelos biografados. Foram examinados o relacionamento dos artistas com seus pares e diretores, os processos e as possibilidades de correção de erros no exercício do teatro e do cinema, a diferença entre esses veículos e a expressão de suas linguagens.

Gostaria de ressaltar o projeto gráfico da *Coleção* e a opção por seu formato de bolso, a facilidade para ler esses livros em qualquer parte, a clareza de suas fontes, a iconografia farta e o registro cronológico de cada biografado.

Se algum fator específico conduziu ao sucesso da *Coleção Aplauso* – e merece ser destacado –, é o interesse do leitor brasileiro em conhecer o percurso cultural de seu país.

À Imprensa Oficial e sua equipe coube reunir um bom time de jornalistas, organizar com eficácia a pesquisa documental e iconográfica e contar com a disposição e o empenho dos artistas, diretores, dramaturgos e roteiristas. Com a *Coleção* em curso, configurada e com identidade consolidada, constatamos que os sortilégios que envolvem palco, cenas, coxias, *sets* de filmagem, textos, imagens e palavras conjugados, e todos esses seres especiais – que nesse universo transitam, transmutam e vivem – também nos tomaram e sensibilizaram.

É esse material cultural e de reflexão que pode ser agora compartilhado com os leitores de todo o Brasil.

Hubert Alquéres
Diretor-presidente da
Imprensa Oficial do Estado de São Paulo

Dedico este livro aos meus irmãos Rafa e Júnior, que iniciaram minha paixão pelo cinema.

E ao Thiago, pelo eterno apoio, carinho e inspiração.

Introdução

José Antônio Garcia e eu estávamos embalados no papo do nosso terceiro encontro, abordando o premiado filme *O Olho Mágico do Amor*, quando seu celular tocou. Com um sorriso e um pedido de licença, ele atendeu. Era Carla Camurati, atriz em quatro de seus cinco longas-metragens e parceira criativa no planejamento do sexto. Precisavam discutir mais detalhes da produção. Com outro pedido de licença, Zé Antônio retirou-se do cômodo para continuar a ligação com privacidade.

Quando retornou, animado pela conversa, parou alguns instantes na soleira da porta e olhou ao redor, como se observasse a decoração pela primeira vez. Estávamos na sala íntima do apartamento de seus pais, seu endereço temporário quando este *paulistano da Av. Brigadeiro Luís Antônio*, como se descrevia, à época morador do Rio de Janeiro, retornava a São Paulo. Ele notara algo que eu também percebera, enquanto esperava-o encerrar o telefonema: na maior das paredes, havia três abstrações do corpo de uma mulher; em outra, um nu feminino clássico; no chão, ao meu lado, ainda sem ser pendurado, um grafismo também representando uma mulher. Na estante, uma rotunda escultura quase boteriana de outra fêmea.

Ele deu risada. *Viu só? Até aqui, só tem mulher,* exclamou.

Poucos minutos antes, estávamos discutindo as fortes personagens femininas de todos os seus filmes (muitas delas, vividas por Carla). Ele me contava que sua atração irresistível pela alma das mulheres parecia não apenas ter guiado as escolhas artísticas de sua carreira mas também conduzido o destino da sua própria vida pessoal. Primeiro filho, primeiro neto e primeiro sobrinho de muitas tias, Zé Antônio foi criado numa casa cheia de grandes figuras femininas para onde quer que olhasse. Quase 50 anos depois, as circunstâncias permaneciam verdadeiras – se não havia parentes, havia arte.

Natural, portanto, que houvesse mulheres na arte de Zé Antônio. Pai surpreso de duas gêmeas (como não poderia deixar de ser), o roteirista e cineasta teve ainda suas filhas fictícias: protagonistas desenhadas por um misto da sensibilidade que cercara Zé Antônio em sua infância e de seu desejo de levar às telas os anseios típicos da sua geração. O resultado são mulheres inadvertidamente imbuídas de uma vanguarda liberal sem paralelos naquela época.

Tanto mais admirável que Zé Antônio tenha iniciado essa sua proposta de cinema no covil dos leões: em plena *Boca-do-Lixo*, o quadrilátero paulista cujo próprio sustento, na década de 80, era escorado na reificação da mulher no filão da pornochanchada. Nem todo diretor pode se gabar de ter subvertido um gênero, mas Zé Antônio o fez, e com apenas 25 anos, ao criar a secretária que se descobre no direito de seu próprio prazer ao observar uma vizinha prostituta em *O Olho Mágico do Amor* – uma pornochanchada que não era bem (ou somente) uma pornochanchada.

Aclamado pela crítica e pelo público, o filme deu o pontapé em uma carreira que não buscava uma unidade temática, mas que, a cada lançamento, se insinuava naturalmente de volta à matriz feminina. Da descoberta da sexualidade, Zé Antônio passou a falar do desejo de se viver a própria vida, mesmo que contrariando as opiniões alheias, com as boleiras de *Onda Nova*; da formação da identidade e da personalidade, com a atriz e a dubladora de *Estrela Nua*; e da busca pelo amor, mesmo que ele não surja como o príncipe encantado que o romantismo mitificou, com as esposas traídas de *O Corpo* e com a professora frustrada de *Minha Vida em Suas Mãos*.

Verdade seja dita, Zé Antônio não estava sozinho nesta jornada. Nos primeiros três filmes, esteve acompanhado do ex-colega do curso de cinema da USP Ícaro Martins. É um caso raríssimo na história do cinema nacional de parceria entre diretores. Mais raro ainda pela facilidade com que suas visões se encaixaram, pela fecundidade com que se manifestaram e pela tranqüilidade com que, depois que a associação rendera o suficiente, se separaram. Aquilo que costumeiramente se chama de *química* entre astros à frente das câmeras também ocorre por trás delas e, igualmente, se esquiva de qualquer tentativa de explicação racional. Uma vaga noção de equilíbrio foi o máximo que Zé Antônio conseguiu elaborar: quase que num antagonismo jocoso, a experiência de vida de Ícaro Martins era toda masculina. Crescera rodeado apenas de irmãos e, quando teve filhos, claro, foram todos homens.

A partir de *O Corpo*, seu outro longa-metragem campeão de preferências, Zé Antônio firmou uma nova simbiose, agora com a escritora Clarice Lispector, seu ídolo maior na literatura nacional desde pequenininho. Previsível, em se tratando de uma autora que também se debruçou com carinho sobre o cotidiano das mulheres. Essa influência é evidente mesmo antes da realização de *O Corpo*, em 1989, e deve tranqüilamente se estender até a adaptação do conto *Ele me Bebeu* – o aguardado projeto com Carla Camurati cujo debate telefônico interrompeu nosso papo.

Nossos encontros ocorreram entre novembro de 2004 e abril de 2005, espaçados pelas idas e vindas do biografado ao Rio de Janeiro. Quase sempre de camiseta e calças folgadas, com um bom humor muito próprio, Zé Antônio tem uma jovialidade traída apenas pelos cabelos grisalhos. Embora seja um anfitrião afetuoso, não é um entrevistado passional. Não se exalta e não costuma gesticular. Discute sem aparente ansiedade os planos para o futuro e relembra sem visível saudosismo as vitórias do passado. Mesmo momentos marcantes de sua vida particular, como o nascimento de suas filhas e o acidente de moto que quase o matou, são descritos com o habitual pragmatismo verbal – que de maneira alguma diminui a intensidade das emoções que provoca.

A conversa com Zé Antônio corre sempre sem pressa e, especialmente, sem certeza de onde quer chegar. Seu discurso enche-se de idéias entrecortadas, como se a vazão da boca não acompanhasse o ritmo com que sua mente pinta cada imagem. Seus breves instantes de eloqüência linear foram todos dedicados aos próprios filmes: pequenos transes mediúnicos no qual relembrava, com assustadora cadência, trechos inteiros de diálogos ou ação em roteiros escritos há mais de 20 anos. Mas Zé Antônio é, sobretudo, um homem de reticências, e não me parece nada incidental que seus dois primeiros filmes terminem assumindo a incerteza de como encerrá-los.

A última entrevista, Zé Antônio concedeu recém-acomodado em seu novo lar, um apartamento no mesmo quarteirão do de seus pais, mas em outro edifício (*aqui ao lado mora a Lygia Fagundes Telles*, apontava com orgulho para o bloco vizinho). A decoração já não continha tantas referências à figura feminina, mas, no chão, ao lado de uma caixa ainda selada, uma Rita Hayworth enquadrada aguardava, de piteira na mão, a oportunidade de ser pendurada na parede e manter viva na memória de seu dono, senão a paixão pelas mulheres, ao menos a pelo cinema. Mais provavelmente, ambas.

Capítulo I

Matou a Aula e Foi ao Cinema

Logo na primeira cena de *O Corpo*, meu 4° longa-metragem, há um plano mostrando o Cine Marabá, de São Paulo. Lá dentro, o personagem de Antônio Fagundes assiste a *O Último Tango em Paris* ao lado de suas duas esposas, Marieta Severo e Cláudia Jimenez. A referência ao longa-metragem de Bernardo Bertolucci está no conto da Clarice Lispector em que meu filme se baseia; mas a decisão de abrir o filme com um plano geral do Marabá foi toda minha. É uma homenagem aos grandes cinemas da minha infância.

Atualmente, poucos deles ainda existem. O Marabá é uma exceção. A maioria foi derrubada, virou bingo ou igreja. O antigo Cine Riviera, que eu freqüentei muito porque era pertinho da casa da minha avó, ali na Av. Lins de Vasconcelos, hoje deu lugar a uma concessionária de carros. Eu também ia muito no Belas Artes e na Cinemateca, que funcionava em uma de suas seis salas – estes, ainda bem, permanecem na ativa.

Salões enormes como o República, o Ipiranga, o Paisandu, o Olido, o Coral, o Metro e o Art Palácio fizeram parte da minha infância e adolescência. Enquanto todos os outros meninos da minha idade estavam jogando futebol, eu estava vendo filmes. E de tudo quanto era tipo: drama, comédia, nacional, estrangeiro, obscuro, famoso. Não que eu não tivesse interesse por futebol, eu até tinha. Mas por cinema, desde sempre, era mais que interesse – era paixão mesmo.

Nasci em São Paulo, no dia 19 de dezembro de 1955, numa pequena maternidade na Av. Brigadeiro Luís Antônio. Minha família, católica e de origem portuguesa, sempre foi muito ligada ao Direito – meu pai e meus tios são advogados e meu irmão e primos também seguiram essa carreira. Eu, o mais velho, no máximo pensei em ser arquiteto. Lá pelos meus 12, 13 anos, passava horas e horas desenhando plantas baixas. Só que plantas baixas de cinema! Criava verdadeiros *shoppings* de cinema. Centros que reuniam dezenas e dezenas de salas – isso muito antes do conceito de multiplex que existe hoje. E, enquanto riscava e rabiscava, ficava pensando qual filme ia passar nesta sessão, qual ia passar na outra... Eu era um caso perdido.

Só mesmo várias salas juntas poderiam abarcar meu gosto. Eu via de tudo – do cinema europeu ao hollywoodiano, da obra-prima rara ao *trash* de apelo duvidoso. Adorava Lucchino Visconti, Vittorio De Sica, Ingmar Bergman, Federico Fellini, Jean-Luc Godard, Luís Buñuel, Alfred

Hitchcock, Billy Wilder, Howard Hawks. Os primeiros filmes a que assisti, obviamente foram as animações de Walt Disney *A Gata Borralheira* e *A Guerra dos Dálmatas*, no Cine Astor, levado pelos meus pais quando eu era bem pequeno. Eles também gostavam de cinema, mas acho que, neste aspecto, quem teve maior influência sobre mim foram meu tio Antônio Carlos, também advogado, e minha tia Mara. Era ela quem me acompanhava nas sessões noturnas de filmes de arte às quais eu não podia ir sozinho. E ele foi um dos sociofundadores da Cinemateca de São Paulo. Eu me associei logo com 12 anos.

Na minha precoce paixão pelo cinema, sofri um bocado com a censura. Lembro-me de quando lançaram, simultaneamente, *Sem Destino* e *Woodstock*, um no Cine Rio e o outro no Astor. Meu primo Alfredo e eu tínhamos 14 anos, mas a idade mínima exigida para poder assistir aos filmes era 18. Bolamos um plano trabalhoso: falsifiquei um documento a partir da carteirinha do grêmio da minha escola. Recortando a menção ao *Colégio Estadual Oswaldo Aranha*, alterando a data de nascimento e plastificando para esconder as rasuras, ele ficava igualzinho a um título de eleitor comum. Ainda assim, improvisei um disfarce: achei que um óculos, um paletó e uma cópia de *Dom Casmurro* debaixo do braço reforçariam minha *nova idade*! Ao contrário de Alfredo, que pelo menos era mais parrudo, eu ainda era bem magrinho e imberbe. Quando conseguimos passar pela bilheteria, estávamos vibrando em silêncio! Queríamos dar socos no ar de alegria. E eu continuei a usar esta carteirinha falsa pelos próximos quatro anos, e mais de uma vez ela atraiu um verdadeiro comitê de gerentes, subgerentes e funcionários, todos pasmos: *Quem diria, este menino, 18 anos!*.

Alfredo foi meu parceiro mais freqüente nas salas escuras, mas até ele tinha dificuldades para acompanhar meu pique. Se um filme me agradasse, eu chegava a vê-lo duas ou três vezes seguidas. Reservava todo o sábado para ir ao cinema, mas, se fosse preciso, também matava alguma aula opcional durante a semana... Fugia para um dos cinemas ali na Av. Santo Amaro e depois voltava para casa como se nada tivesse acontecido. Quando tinha 15, 16 anos, não estudava quase nada, ficava o tempo todo nos cinemas.

No domingo, eu acordava cedinho para ler a última página de *O Estado de S. Paulo*, que trazia os lançamentos do circuito. Até mesmo decorava os horários das sessões. Eram os tempos áureos do Rubem Biáfora. No *Jornal da Tarde*, havia o *Divirta-se* editado pelo Mino Carta, por onde eu acompanhava os textos do Rubens Ewald Filho, do Maurício Kubrusly e do Sérgio Augusto. Mas eu não costumava dar muita atenção às críticas, já que, como rato de cinema, no final, acabava assistindo a tudo. E, além do mais, eu também tinha minhas próprias críticas – enormes cadernos onde eu anotava cada filme que via, acrescido de um breve comentário e uma cotação entre ótimo, bom, regular e ruim, como o JT havia começado a fazer naquela época.

Há algum tempo, dei esses cadernos, verdadeiras relíquias, de presente à minha filha, em homenagem à formatura dela no curso de Cinema da FAAP. E notei qual havia sido a última inscrição que fizera neles, sobre um filme chamado *O Amor Faz Coisas Estranhas*. Olha que engraçado: esse registro é exatamente da época em que estava me apaixonando pela Zezé, a futura mãe das minhas filhas.

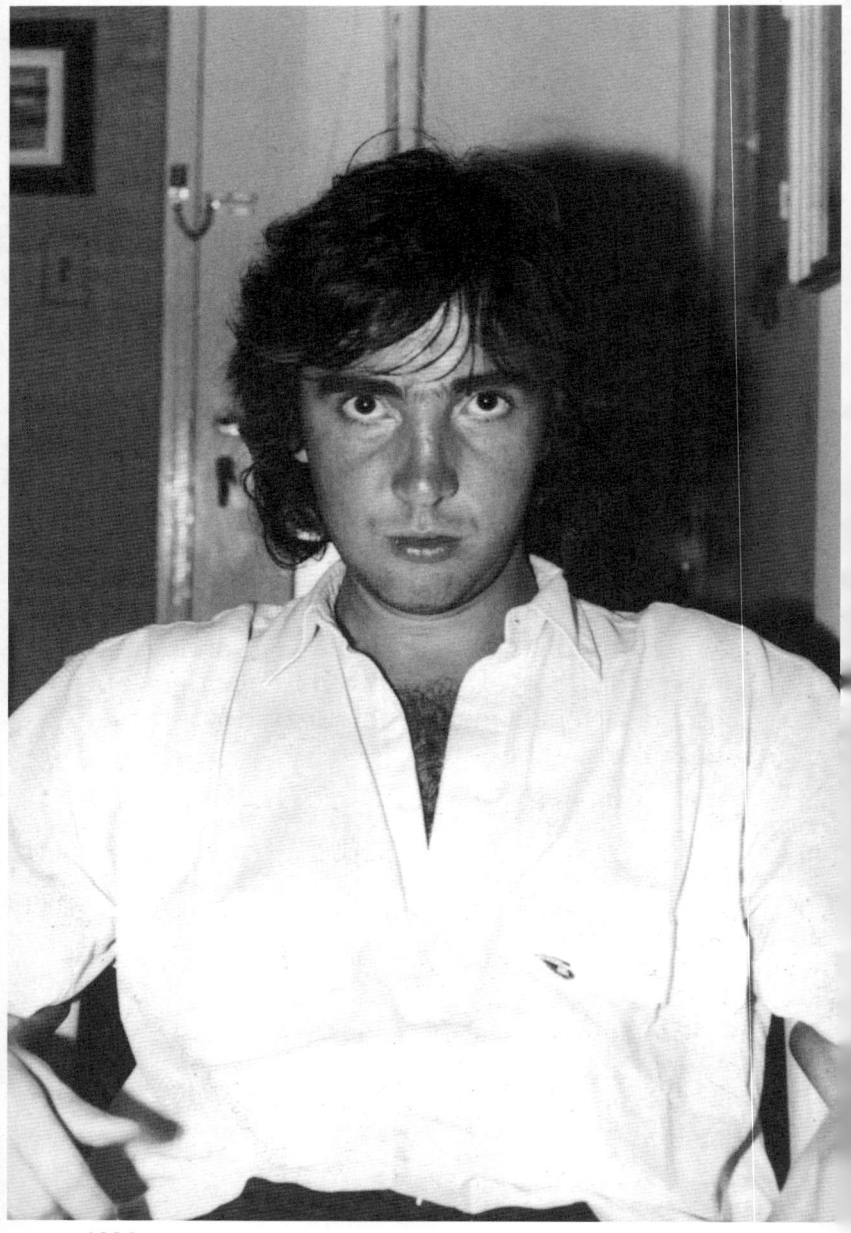

1986

Capítulo II

Amor no Grêmio Estudantil

Conheci Maria José Guerra (mais tarde a minha Zezé do coração) no chamado Ginásio Vocacional Oswaldo Aranha, que, ao lado da Escola de Aplicação, era um dos centros de ensino experimental do governo de São Paulo. Pregavam uma pedagogia bastante avançada para a época. Estudávamos o dia todo, inclusive matérias como economia doméstica, artes industriais, práticas comerciais, artes plásticas, música e teatro. A avaliação não era feita pelas notas, e sim pela análise de gráficos de rendimento. Por isso tudo, era uma escola muito bacana e muito visada – tive até de fazer teste para poder entrar. Ficava no Brooklyn, perto da 2ª casa onde morei.

Conforme você progredia nos ensinos, tinha de ir escolhendo aulas opcionais orientadas de acordo com sua vocação. Minha primeira opção era sempre a de artes plásticas. E, aos sábados, você também selecionava outras matérias que auxiliassem o desenvolvimento de uma tese. Costumava optar por português e literatura, porque sempre tive, como toda a minha família, o hábito de ler, e também adorava escrever. Aquele *Dom Casmurro* que levei debaixo do braço para a sessão de *Woodstock* era o livro favorito da minha mãe (ela inclusive batizou o atual cachorro dela como Dom). Eu, no entanto, gostava de *O Estrangeiro* e *A Peste*, de Albert Camus, Érico Veríssimo, Graciliano Ramos, Mário de Andrade, Manuel Bandeira, Cecília Meirelles, Fernando Pessoa. Mas, idolatria mesmo, tinha só por Clarice Lispector – uma paixão antiga que acompanhou toda minha carreira.

Durante a maior parte do ginásio, Zezé foi só uma colega. Estudávamos em classes separadas; eu a conhecia só de vista. Mas, a partir de 1971, nos tornamos responsáveis pelo departamento cultural do grêmio estudantil da escola. Estávamos em plena ditadura. O grêmio era ligado à União Paulista dos Estudantes Secundaristas e à União Brasileira dos Estudantes, grandes focos de resistência. Eu era engajado, mas meu principal interesse dentro da luta política era discutir a plena liberdade de expressão. Para isso, organizávamos projeções dos mais variados tipos de filmes.

Foi um período muito rico. Passávamos de tudo – neo-realismo italiano, De Sicca, *Ladrões de Bicicleta*, a Nouvelle Vague revolucionária de Godard, Truffaut, Vadim. Entre os nacionais, claro, *Deus e o Diabo na Terra do Sol*, *Terra em Transe*, *O Bandido da Luz Vermelha*, *São*

Paulo S/A... E depois de cada sessão, havia um acalorado debate. O meu amor pela Zezé foi desabrochando nesse período, correndo juntos até a Polifilmes buscar os rolos e mais rolos que íamos exibir na escola.

A gente se metia em enrascadas também. Nessa pressa toda, houve um dia em que retiramos a película de *Cortina Rasgada*, o clássico dirigido por Alfred Hitchcock em 1966, com Paul Newman e Julie Andrews. Não conseguimos conferir o filme antes da sessão mas, confiando no nome do diretor, o exibimos mesmo assim. Claro que foi um tremendo fora, porque *Cortina Rasgada* é superanticomunista. O pessoal queria nos matar; causou o maior furor na mesa-redonda!

A experiência do Oswaldo Aranha foi interrompida brutalmente quando os militares perseguiram e prenderam a diretora da escola. Imediatamente foi instituída uma pedagogia mais *tradicional* e o Oswaldo Aranha simplesmente deixou de ser o que era. Eu estava encerrando o 2º ano. O vestibular se aproximava e há muito eu já sabia o que queria da vida – ser cineasta. E, naquela época, não existia outra faculdade de cinema que não a Escola de Comunicações e Artes, na USP. Para me preparar, achei que, ao invés de continuar no Aranha e fazer paralelamente um cursinho, seria melhor tentar uma nova escola particular que haviam me indicado, recém-inaugurada, também de vanguarda. Era o Colégio Equipe. Sou da primeira turma que se formou lá.

Embora para mim já estivesse claro meu destino profissional, a notícia foi recebida com um certo choque pelos meus pais. Eles acreditavam que meu interesse por cinema seria apenas uma fase; no máximo se tornaria um grande *hobby*, como era para o meu tio Antônio Carlos. Se ainda hoje é difícil para um pai aceitar que o filho vai seguir carreira artística, imagina naquela época? Meu pai foi o mais reticente; queria que eu fizesse Direito, ainda mais porque eu era o primogênito.

Acabei prestando vestibular tanto para cinema na ECA quanto para Direito na PUC. Mesmo matando aula a torto e a direito para ir ao cinema, consegui ser aprovado nos dois. Estudei durante uma semana na PUC, depois saí e nunca mais voltei. Tinha feito uma aposta com meu pai que, se eu passasse em Direito, ganharia um carro. Peguei o carro e, no dia do trote em que os veteranos cortariam meu cabelo, larguei o curso.

Capítulo III

Na ECA (e fora dela)

Eu namorei a Zezé de 1972 até 1976, quando nos casamos – ela de vestido branco e eu também com um terno branco, feito por encomenda, inspirado numa foto que vi de Mick Jagger em uma cerimônia de premiação. Nesses quatros anos, porém, houve algumas idas e vindas. Coincidentemente, nesse período, eu também tive minhas idas e vindas com a Escola de Comunicações e Artes.

Nem sempre concordei com as oportunidades curriculares da ECA. Naquela época, havia um 1º ano em comum para os 120 alunos aprovados no vestibular. Estudávamos matérias mais genéricas. No segundo ano é que se separavam quem queria cursar Artes e quem estava interessado em Comunicação. E só depois, no terceiro ano, é que Artes se desmembrava em Teatro, Cinema, Artes Plásticas e Música. Ou seja, aos 17 anos, depois de conseguir passar numa prova que selecionava um, entre 12 candidatos para cada vaga, eu estava diante da perspectiva de só colocar a mão na massa dali a três anos. Eu não podia esperar tudo isso.

Essa ansiedade alimentou ainda mais meu impulso autodidata. Achava que deveria (e podia) aprender tudo na marra. E, assim, logo no primeiro ano, numa viagem a Campos do Jordão com a Zezé, decidimos filmar ali mesmo meu primeiro trabalho, com uma câmera Super-8 que eu havia comprado. Acompanhava-nos uma antiga amiga da gente, a Mônica Teixeira, que hoje é repórter da TV Cultura, e que havia sido uma espécie de cupido entre eu e a Zezé. Inspirado pela paisagem de Campos do Jordão, decidi que, em breve, retornaríamos ali, já com um *script*, para rodarmos um curta.

Em pouco tempo, escrevi *Fragmento*, um filme muito experimental e poético a respeito de duas mulheres com personalidades completamente opostas. Zezé interpretava uma figura mais extrovertida, espontânea, que passava todo o tempo se banhando em contato com a natureza. Já a Mônica tinha uma outra identidade, reclusa, sempre de preto, séria, introspectiva, que só vivia dentro de casa, rodeada de livros, cinzeiros e fumaça de cigarro. Daí elas se encontravam e havia uma morte e uma fusão em espelhos, que marcam o renascimento das duas em uma única mulher. Influência total de *Persona*, do Bergman. E já, desde o princípio, eu abordava o tema que se tornaria recorrente nos meus filmes: a alma feminina.

Voltamos a Campos do Jordão, só nós três, e filmamos rapidinho, em um fim de semana, numa casa meio abandonada que a gente ha-

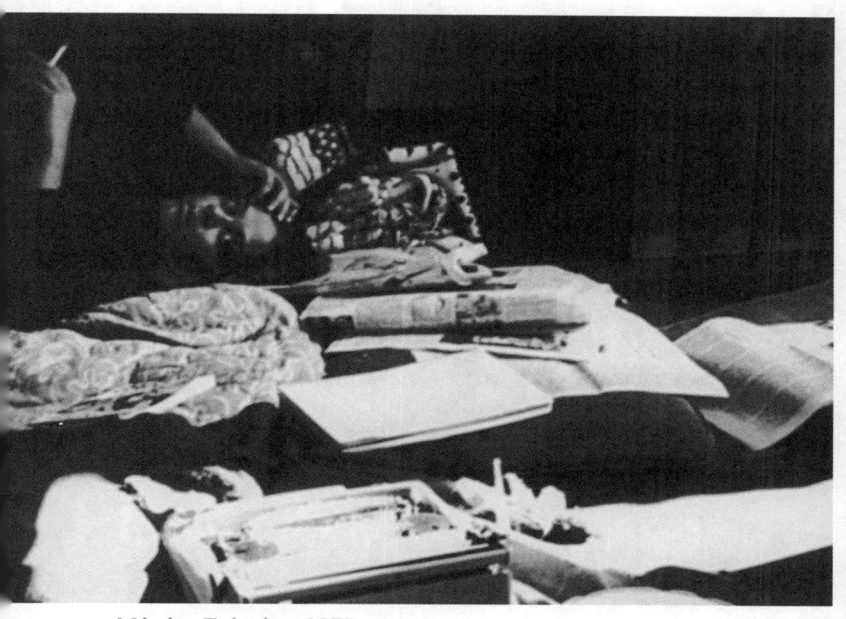
Mônica Teixeira, 1975

Mônica Teixeira, 1975

via conseguido emprestado. Eu mesmo editei, improvisadamente, fazendo o maior esforço para enxergar aqueles fotogramas minúsculos. Deixava os rolos todos separados no quarto que dividia com meu irmão e às vezes ele entrava e bagunçava tudo! Tínhamos brigas de rolar no chão, de sair derrubando os móveis!

A montagem final de *Fragmento* teve 20 minutos. Exibi para alguns poucos amigos, em casa, mas, algum tempo depois, tive a chance de *estreá-lo* publicamente. Junto com Jairo Ferreira, cineasta e crítico, *inaugurei* a sessão única do Bar Riviera, um grande ponto de encontro dos jovens e da boemia daquela época, em frente ao Cine Belas Artes. Estendemos uma toalha branca no mezanino e passamos ali, durante uma semana, este meu curta e outro do Jairo. Eu fazia a sonorização do meu ao vivo, com dois gravadores, de acordo com o clima da sessão. *Fragmento* era super-hermético e provocativo. Havia intelectuais que saíam de costas assoviando. Mas também havia quem se apaixonasse por essa minha performance à la Andy Warhol tupi.

De qualquer maneira, *Fragmento* estabeleceu a autonomia que iria reger meu relacionamento com a ECA. Cheguei a rodar mais quatro curtas, alguns utilizando equipamento da faculdade, mas nenhum deles diretamente ligado às aulas.

34

Zezé

Embora me desse muito bem com meus colegas (talentos como Cristina Santeiro e André Klotzel estavam na minha sala; Pedro Farkas, Alain Fresnot, Augusto Sevá e Luís Alberto Pereira eram meus veteranos) e tivesse bons professores (Paulo Emílio Salles Gomes em história de cinema, Dora Mourão em montagem, Chico Botelho em fotografia, Ismail Xavier em linguagem cinematográfica), a ECA me frustrava muito.

Na verdade, era um período de grandes inquietações e rupturas na minha vida. Foi nessa época que também saí de casa, para conquistar meu próprio espaço. Tinha aprendido fotografia na ECA e em um curso especializado num laboratório, ali na Av. 9 de Julho, e comecei a me sustentar como fotógrafo profissional. Trabalhava na revista *Shalom*, era *freelance* para *books*, fazia reportagens... Era o setor mais receptivo do mercado – nos anos 70 não havia nada de alterações digitais, retoques no computador. Para mim, atualmente, os retratos são apenas um *hobby*, mas a luz no cinema ainda me fascina bastante. Cada vez mais desejo aprofundar meu estudo em direção de fotografia.

Certa noite, contei a uma amiga, a atriz e jornalista Mirna Grzich, que estava procurando um local para montar meu próprio laboratório. E ela revelou que precisava de alguém para dividir o aluguel de uma casa que encontrara. *É um lugar ótimo, você pode revelar suas fotos na lavanderia, lá no fundo*, dizia. Meu pai aceitou ser meu fiador e foi assim que me mudei para lá, de mala e cuia. Era uma casa bem grande e confortável, no *Bixiga*. Logo, logo, a casa receberia novos inquilinos, todas atrizes em início de carreira, como a própria Mirna: Denise Stoklos, vinda de Curitiba; Imara Reis, do Rio de Janeiro, com quem depois eu cheguei a dividir outro apartamento; e, por fim, Tânia Alves, que vinha para São Paulo com o grupo teatral Luís Mendonça. A trupe ocupava uma residência na Av. Brigadeiro Luís Antônio, mas ela preferiu ficar melhor instalada e, como era amiga da Mirna, veio morar com a gente.

Foi um tempo muito, muito divertido, eu e aquelas quatro mulheres sob o mesmo teto. Tânia e eu nos tornamos amigos quase que de imediato. Para mim, ela foi uma grande descoberta como atriz. Eu a achava maravilhosa, porque ela cantava, atuava, falava diversas línguas, tocava piano, violão, acordeão e pandeiro. Tinha certeza de que ela seria a próxima grande estrela do cinema brasileiro. Tanto que a trouxe comigo nos meus dois primeiros longas-metragens e também no meu segundo curta, que, então, começava a preparar.

1986

Capítulo IV

Rebentos Maranhenses

Se, por um lado, minha experiência acadêmica me frustrava, minha vida pessoal ia muito bem. Casei-me com Zezé em janeiro de 1976, completamente apaixonado. E a paixão aumentou ainda mais quando, pouco depois, ela me contou que estava grávida. Em estado de graça, sentimos o impulso de realizar uma loucura: aproveitando que nossos pais estavam viajando, pegamos o carro e nos dirigimos dessa casa no Bixiga até um sítio chamado Olho d'Água, em São Luís do Maranhão. Queríamos passar um tempo longe de tudo, refletindo, escrevendo e curtindo a gravidez.

Essa viagem renderia um ótimo *road movie*, que eu até tenho muita vontade de realizar. Seria uma metáfora para toda a nossa geração: um casal que se conhecia alugando filmes na esquina da Av. Ipiranga com a Av. São João; apaixonando-se e indo para a cama no Rio de Janeiro; casando-se no Espírito Santo; a primeira briga e o primeiro porre em Salvador e assim sucessivamente, em diversas capitais: um caso extraconjugal, a separação, a volta, a gravidez... Passando pela seca do Nordeste e finalmente parindo em São Luís.

Essa foi uma das muitas idéias que tive nesses três meses no Olho d'Água. Foi um período muito fértil, tanto para mim quanto para a Zezé, que se formou em Lingüística. Tínhamos um projeto de escrever juntos um livro de contos e ensaios, batizado *Casalgrafia*, numa referência ao disco que John Lennon e Yoko Ono gravaram, o *Unfinished Music No 1*. Na capa, eles apareciam nus de frente, e, no verso, nus de costas. No nosso livro, seríamos representados por duas garrafas de vinho português Casal Garcia, cheias, na esquina da Ipiranga com a São João, e, na contracapa, as duas garrafas estariam vazias, tombadas, com marcas de boca, em São Luís.

40

Quando não estávamos escrevendo, bancávamos os corujas. Eu achava que nasceria um meninão, mas nos preparamos escolhendo nomes para todo tipo de situação. Se ele nascesse mais pretinho, seria Zé Maria, já que eu sou José e o verdadeiro nome da Zezé era Maria José. Se nascesse branquinho, seria batizado como Gabriel, igual ao anjo. Se nascesse uma menina branquinha, seria Helena, em homenagem à minha avó paterna, uma mulher com uma grande história, que está viva até hoje, com 94 anos. Também havia a referência à Helena de Tróia, à Heleura, musa de Sousândrade, poeta maranhense... E, se fosse mais escurinha, aí seria Zita, porque eu tenho uma tia por parte de mãe com este nome que teve grande influência sobre mim. E meu avô também tinha uma torrefação que se chamava Café Santa Zita, que é uma santa negra.

A previsão era de que nosso filho nasceria no final de dezembro, próximo do Natal. Mas, no dia 10, pouco depois do almoço, Zezé começou a sentir algumas dores. E eu pensei: *não, imagina, ainda faltam vários dias!*. Mas as dores foram se tornando mais fortes, mais fortes e, tomado de surpresa, percebi que já era pra valer! Corri com a Zezé para o hospital mas, no caminho, percebi que não havia comprado filme Super-8 para registrar o nascimento! Deixei a Zezé em boas mãos e rodei São Luís inteira em busca da bendita película. Procurei, procurei, não achei e decidi voltar para o hospital. No corredor, a enfermeira ainda alertou: *corre, senão você perde o parto!*

E essa não foi a única emoção deste dia inesquecível. Cheguei na sala de operações a tempo de ouvir o médico dizer: *tá nascendo a primeira!*. Primeira??? *São gêmeas, são gêmeas*, ele anunciou. Eu me escorei na parede e a Zezé, que havia tomado apenas anestesia local, só repetia extasiada: *tem mais uma, tem mais uma!!!* Foi assim que nós dois acabamos sabendo, no ato, que eram essas duas mulheres: Helena e Zita.

41

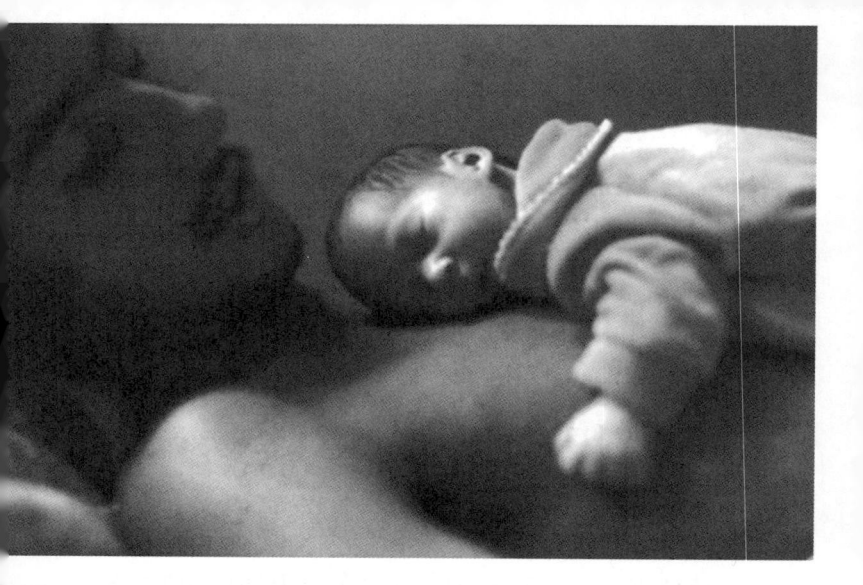

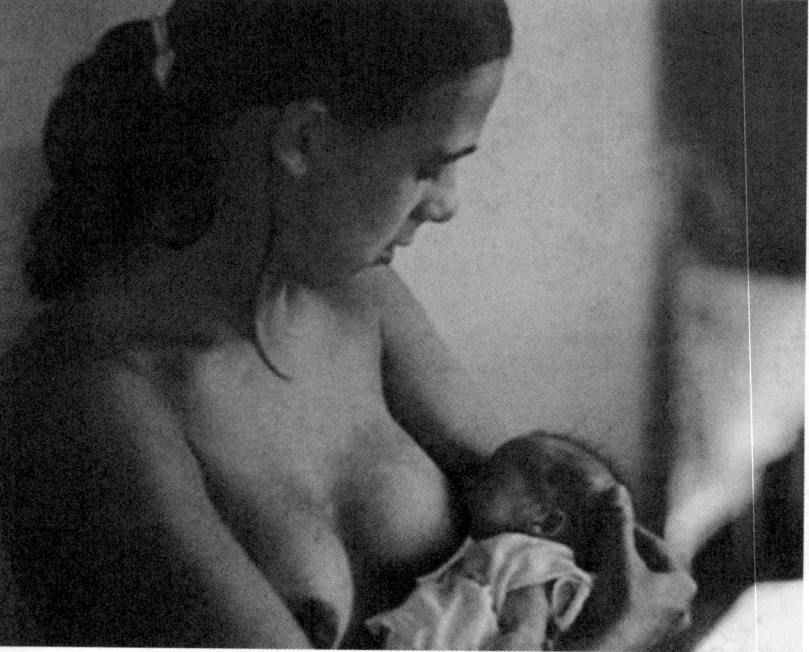

Nascimento das filhas gêmeas Zita e Helena

E, com a minha história, só poderiam ser duas meninas! Imagina que seria um Zé Maria! Eu sempre estive mergulhado no universo feminino. Minha mãe tem várias irmãs e foi a primeira delas a se casar, então não só minha avó, mas também todas as tias solteiras me paparicavam. Eu também tenho duas irmãs mais novas, Ana Luísa e Ana Teresa, das quais sempre fui muito próximo, porque, ao contrário do meu irmão, nossa diferença de idade era mais significativa. E, mesmo quando saí de casa, onde é que fui parar? Numa outra casa com mais quatro mulheres!

No cinema, as personagens femininas também me encantavam mais. Eu não era muito aficionado por filmes de caubói, por exemplo. Mas adorava a Sophia Loren, a Catherine Deneuve. Na TV, gostava muito de *I Love Lucy*, que me lembravam das chanchadas da minha infância, com Dercy Gonçalves, Grande Otelo, Oscarito e Zé Trindade. E acho até que talvez este seja um dos elementos que causava o equilíbrio que garantiu o bom funcionamento da minha parceria com Ícaro Martins, com quem dirigi meus três primeiros longas. Ele vinha de uma experiência de vida totalmente diferente da minha: tinha dois irmãos, nenhuma irmã. E, quando foi ter filhos, claro, teve três homens!

A sobrinha Júlia e a irmã Ana Luisa

Zita cresceu e se formou em Psicologia, enquanto Helena preferiu seguir os passos do pai. Foi assistente de direção e trabalhou em *Garotas do ABC* e *Alma Corsária*, do Carlos Reichenbach, e atualmente lida com criação multimídia. Ambas são casadas com músicos. E Helena não é a única formada em Cinema na nova geração da família: minha sobrinha Júlia foi morar na Espanha, fez cursos por lá e quer se especializar em montagem. Quando decidi ser cineasta, há mais de 30 anos atrás, acabei sendo uma *ovelha negra* em meio aos meus irmãos – o Mário graduado em Direito; a Ana Tereza, em Comunicação e a Ana Luísa, em Matemática. Mas acho que *contaminei* a todos com o vírus da carreira artística e agora *ovelha negra* são os outros...

Hoje, Helena e Zita são duas mulheres fortes, independentes, bem-sucedidas, que me enchem de orgulho. Mas, quando vieram ao mundo, por serem gêmeas e prematuras, eram bem pequenininhas e frágeis. Isso amedrontou um pouco Zezé e eu. Pretendíamos ficar em São Luís até encerrarmos o livro e, quem sabe, realizar algum projeto de cinema por lá. Mas achamos melhor encurtar o prazo e voltar para São Paulo. Descobri que a Mirna, recém-casada, estava devolvendo nossa casa. Tânia, Imara e Denise também já haviam se mudado.

As filhas Helena e Zita, com os maridos Maurício Caetano e Yvo Ursini

Como meu pai ainda era o fiador, pedi para ficar com a propriedade e foi lá que, por um tempo, Zezé e eu criamos nossas duas filhas. Aliás, essa casa toda dá um verdadeiro *Se Meu Apartamento Falasse...*

Célia Garcia, sua mãe, com as filhas gêmeas

Capítulo V

Hoje Tem Futebol

Em um vestiário, jogadores de futebol preparam-se para entrar em campo. Vestem suas camisas, calções, chuteiras. Fazem alongamento e aquecimento. Enquanto uns tentam se concentrar, outros conversam para aliviar a tensão. O técnico procura animá-los, mas não diz nada de relevante. Mais alguns minutos e é chegado o grande momento. Os craques estão prontos para subir o túnel que dá acesso ao gramado do Pacaembu... só que as escadarias os levam, na verdade, ao vão livre do MASP, em plena Av. Paulista. Num campo estilizado, pintado no chão, eles começam a dançar ao som de *Chica Chica Boom Chic*, que Tânia Alves canta vestida de juíza.

Esta é a história de *Hoje Tem Futebol*, meu segundo curta-metragem. O tom, como dá para notar, é totalmente anárquico, surreal, mas a cena de abertura – um gandula pichando a assinatura de João Saldanha sob a frase *se futebol desse prestígio, Benito Mussolini não teria sido enforcado em praça pública* – já indicava o posicionamento crítico do filme. Eu pretendia discutir questões importantes, como a Lei do Passe e as freqüentes acusações de que o futebol era *o ópio do povo*, um estímulo à alienação, como pregavam os *intelectuais*. Para mim, o buraco era bem mais embaixo.

Por falar em buraco: sempre achei aquela escadaria que vai do subterrâneo do MASP ao nível do vão livre muito parecida com o acesso de um vestiário a um campo de futebol; daí a inspiração para o humor do curta. Embora nunca tenha jogado bola, me interessava pelo esporte. Torcia para o Corinthians e acompanhava os jogos quando podia. O assunto acabou retornando nos meus próximos dois curtas e no meu segundo longa-metragem, *Onda Nova*.

Incialmente, considerei realizar *Hoje Tem Futebol* como projeto de graduação na ECA, mas acabei rodando-o em julho de 1976 e finalizando-o em 1977. Dessa vez, com o companheiro de atividade estudantil Ary Costa Pinto como co-roteirista, assistente de direção e parceiro nessa aventura, usei todos os recursos da faculdade; não só o equipamento, mas também a energia e motivação dos colegas, que colaboraram em diversas funções. O diretor de fotografia, por exemplo, foi André Klotzel, que anos mais tarde seria meu *rival* no *Festival de Gramado* com o excelente *Marvada Carne*. O time de futebol era composto por jogadores da Nova Democracia Corinthiana

e por Paulette, Bayard, Dario e outros baila-
rinos do grupo *Dzi Croquettes*, que estavam
em São Paulo há algum tempo, apresentando
um espetáculo de muito sucesso, dirigido e
estrelado pelo Lenny Dale, no Teatro 13 de
Maio. Essa mistura de atletas com dançarinos
foi intencional, para derrubar a aura de machismo que existe em torno do futebol.

Com Nega Vilma e Lenny Dale

Assim como a Tânia, eles também atuaram de graça. Foram *participações afetivas*. Na verdade, a grana era tão curta que para cobrir meu único gasto, com os rolos de película, tive de vender meus presentes de casamento. *Hoje Tem Futebol* só saiu do papel porque havia uma efervescência cultural muito grande em meio àquela juventude. Todos queríamos trabalhar, botar pra quebrar, fazer acontecer. Estávamos sempre ajudando uns aos outros, em projetos de filmes, teatro, música, dança – e esse espírito de coletividade esteve presente em todos os meus trabalhos.

Dario Menezes, dos Dzi Croquettes

Murici Ramalho, Zé Maria, Pitta, Wladimir, Moisés (jogadores de futebol) e Paulette, no colo de Dario Menezes, dos Dzi Croquettes

Wladimir, jogador do Corinthians

Tito Alencastro, como o técnico

Tânia Alves se maquiando

Tânia Alves atuando no vão livre do Masp

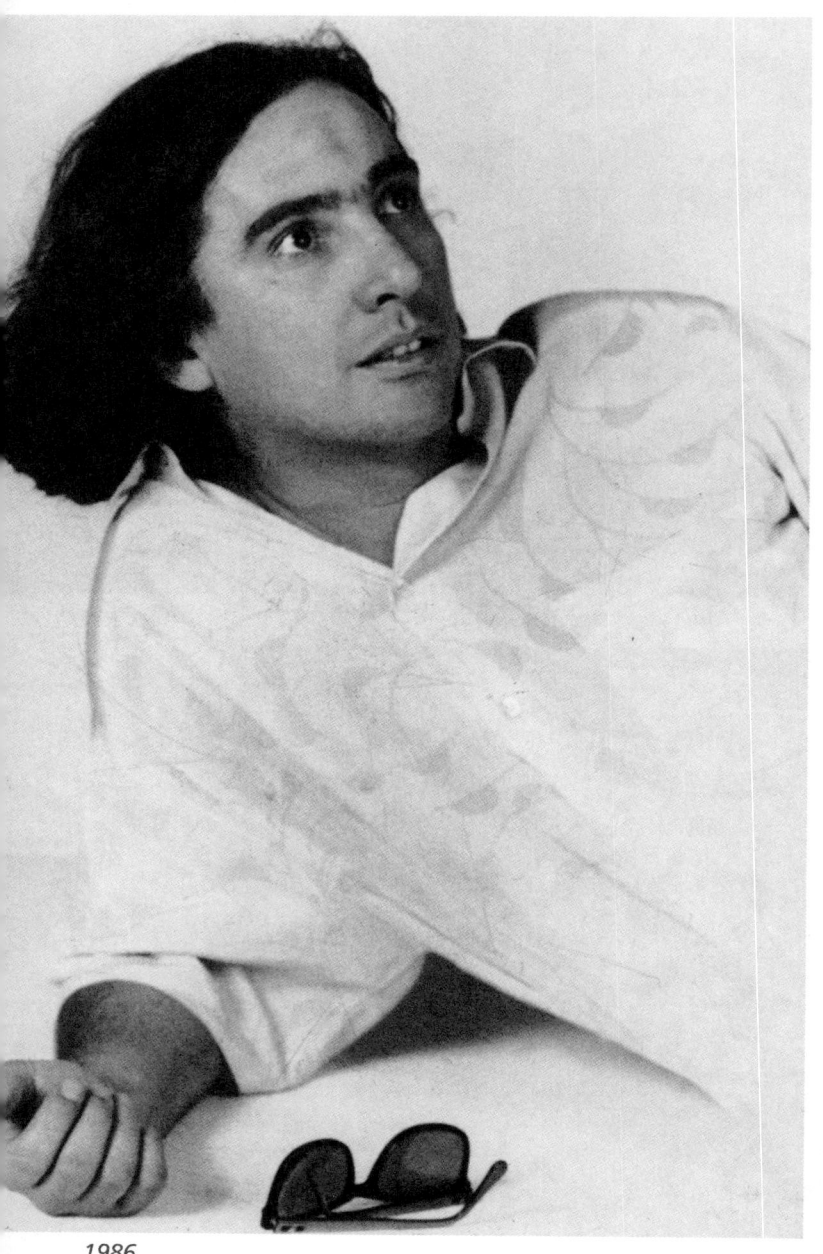

1986

Capítulo VI

Nega Vilma Descendo a Augusta

No final da década de 70, o governo aprovou a chamada Lei da Obrigatoriedade do Curta, que exigia curtas nacionais antes das sessões principais em todos os cinemas. Para nós, que estávamos começando a dirigir, foi uma grande oportunidade. Junto com um amigo da ECA, Dudu Ferreira, montei uma pequena produtora, chamada Grama Filmes. Outra colega, Cristina Santeiro, para quem eu fizera direção de produção no curta *A História de Clara Crocodilo*, havia trabalhado como continuísta em alguns filmes de episódio do Antônio Galante, um dos mais ativos produtores da Boca-do-Lixo, e nos arranjou contatos com as companhias de lá. Rapidamente, editei o *Hoje Tem Futebol*, reduzindo-o de 20 para 12 minutos de duração, para que fosse lançado pela exibidora Titanus.

Dudu e eu articulamos novos trabalhos. Ele preferiu enveredar pelo documentário e rodou um curta de cinco minutos sobre a memória de São Paulo, usando como personagem-tema seu avô, que tinha mais de 80 anos e lembrava dos princípios da cidade, antes de ela virar uma metrópole. Já o meu projeto era bem mais complicado – aliás, tão mais complexo que acabou com meia hora de duração. O que começara como um curta terminara como um média-metragem.

Assim como o *Hoje Tem Futebol*, *Marilyn Tupi* também nascera de uma discussão a respeito da alienação. Naquela época, a Rede Globo exibia um comercial que pregava: *Desarme-se! Desarme-se!* Sei que, nos dias de hoje, é quase absurdo ser contra o desarmamento da população, mas, naqueles anos, em plena ditadura militar, o anúncio me soava como se martelasse na cabeça do telespectador: *Aliene-se! Aliene-se!*. Então escrevi a história de uma mulher negra despersonalizada em um mundo de brancos, mas que é discriminada não pela sua cor, mas por sua dor. Ela é alijada da sociedade, isolada, alienada, por causa de sua solidão e de sua carência. No final, é mais ou menos como um avesso amoroso de *O Beijo no Asfalto*, do Nelson Rodrigues.

O curta começa com essa protagonista descendo a Rua Augusta, rodeada apenas de brancos. Ela está à procura de uma amiga, mas, quando liga para ela, não consegue encontrá-la. Então, com a ajuda de um taxista, ela passa o resto do dia tentando localizá-la. O motorista vai falando sobre São Paulo, quase como num monólogo, e, no rádio, toca Luiz Melodia. Paralelamente a isso, temos cenas de um outro táxi, dirigido por uma mulher. E a protagonista segue dando ordens: *vamos para a Av. São João; agora, para o Ipiranga; para a Praça 14 Bis* e sua busca é sempre em vão. Até que ela decide ir ao Morumbi.

Lá, ela saca um revólver, aborda o taxista exige: *ou dá ou desce.* Nem ela nem ele, porém, se satisfazem com a transa, e ela o manda embora. Com a tarde caindo e toda sua frustração e carência acumulada, ela se aproxima de um platô na Av. Giovanni Gronchi (antes dali ter sido tomado por prédios) e, com São Paulo ao fundo, a câmera roda 360° em torno dela. É um plano-citação do Pier Paolo Pasolini com Ana Magnani em *Mamma Roma*, de 1962: *de quem é a culpa? De quem é a culpa?* Ela encosta a arma na cabeça mas, ao fim do giro, atira pra cima, e ali começa a perder tudo – a bolsa, o revólver, a sandália...

Começam a se aproximar as primeiras bandeiras, os torcedores que vinham ver a partida no estádio. Ela sai andando trôpega, só com a roupa branca, e o outro táxi que havia sido mostrado anteriormente, pilotado por uma mulher, a atropela. O passageiro desce do carro chocado, mas apenas a cobre com a bandeira do Corinthians e vai embora. *Você vai me deixar sozinha aqui?*, pergunta a chofer, ajoelhada ao lado do corpo. *Tenho que ir, senão perco o jogo!*, ele responde. Uma equipe de TV se aproxima para registrar o acidente, mas a protagonista começa a recobrar a consciência. Ainda meio grogue, fora de si, ela simplesmente pede à taxista: *me dá um beijo? Só um beijo? Agora?* E é com este beijo que o curta se encerra.

Acho *Marilyn Tupi* extremamente significativo. Foi bastante ambicioso, com várias locações e cenas externas. Levei uma semana inteira para rodá-lo, novamente contando com colegas da ECA e da vida em várias funções auxiliares. Difícil mesmo foi encontrar minha protagonista. Quem matou a charada foi Clodovil, que conheci numa fazenda. *Tenho uma mulher fortíssima para te apresentar*, disse. E me trouxe a Nega Vilma, uma modelo que fez parte das *Dzi Croquettas*, o espetáculo feminino que sucedeu o *Dzi Croquettes*. Quando a vi, pensei imediatamente: *é ela!!!*.

Evidentemente, com 30 minutos, não era possível exibir *Marilyn Tupi* como curta. Ao contrário de *Hoje Tem Futebol*, não havia como diminuí-lo sem comprometer a trama. E este foi o único trabalho que realizei na Grama – a parceria se desfez pouco depois. Ainda assim, continuei dirigindo curtas para a Titanus. E mal sabia que, mesmo exibindo-o somente no circuito alternativo e acadêmico, *Marilyn* me renderia outro tipo de dividendos...

Dirigindo Clodovil

Com Nega Vilma

Com Mário Sérgio Duarte Garcia, seu pai

Capítulo VII

Produzindo para Passar

Durante todo esse período na ECA, minha situação financeira não era muito estável. Além de roteirizar e dirigir, eu realizava outros trabalhos esporádicos. Não só fui fotógrafo como também cheguei a bancar o *faz-tudo* num jornal tablóide chamado *Destaque Artes*. Entrei como estagiário indicado por um tio jornalista, a pedido da minha mãe. Fazia certo sentido: a Escola de Comunicações e Artes, além de ter explorado meu lado artístico nos últimos anos, havia ministrado também algumas matérias relacionadas a jornalismo, naquele primeiro ano em comum para todos. No *Destaque Artes*, eu era pau para toda obra, da copidescagem à crítica de cinema. Conferia os filmes da semana e os comentava em pequenas resenhas. Mas é difícil dizer que *atuei como crítico*, com todas as letras, porque na verdade havia um redator final, que revia todo o texto e o alterava como achasse conveniente. De qualquer maneira, foi uma experiência relativamente breve, porque, quando consegui meu laboratório na casa que dividia com as meninas, minha carreira como fotógrafo foi deslanchando.

A farra da Lei da Obrigatoriedade do Curta não durou muito tempo, mas foi o suficiente para que eu lançasse mais dois curtas-metragens. Um deles, *A Bola na Escola*, confesso que foi feito quase que por encomenda. Precisava oferecer algo novo e, como já tinha alguma penetração nesse universo do futebol, por causa dos contatos que fiz para o *Hoje Tem Futebol*, pensei em rodar um documentário sobre as escolinhas que ensinavam esse esporte. Bastavam algumas imagens dos alunos treinando, depoimentos de jornalistas e atletas sobre a formação do futebolista brasileiro e pronto. Algo fácil e rápido, para ser exibido logo e, assim, eu obter minha parte em dinheiro.

Já *Loucura* foi um trabalho mais pessoal, inspirado por um drama muito pesado na minha vida particular: Alfredo, aquele meu primo que me acompanhava no cinema durante a adolescência, estava passando por um período de internação psiquiátrica. Decidi abordar, então, a polêmica em torno da eficácia deste tratamento para pacientes considerados loucos. O resultado foi um interessante misto de ficção e documentário.

O processo de realização também foi muito rico. Havia depoimentos de especialistas na área, uns pregando o isolamento, outros dizendo que o louco devia conviver com a sociedade.

Entrevistei até o Roberto Freire e o psiquiatra Edmundo Maia, da Clínica Maia. Mas também rodei cenas surreais, como uma em que a Zezé, minha mulher, declamava um texto dela sobre a loucura, em plena praça em frente ao sanatório Granja Julieta. Outra amiga minha, Malu Maia, vestida só de roupão, cantava *Papai Me Empresta o Carro* para os trabalhadores tomando ônibus no Largo 13. Nos trechos documentariais, o tom era de denúncia mesmo, firmemente contra a internação, mostrando de modo clandestino clínicas psiquiátricas que funcionavam precariamente pelo INPS. Apareciam loucos cantando *It's a long way, it's a long way...* Às vezes tínhamos de filmar e sair correndo para que os funcionários não nos flagrassem. A reação ao *Loucura* foi muito positiva. A platéia gostava. Embora tenha me dado muito orgulho, nunca tive uma cópia dele. Aliás, nem dele, nem dos outros curtas-metragens. Acho que eu era muito indisciplinado, impulsivo, e nunca requisitei uma versão para guardá-los comigo. Foram exibidos e hoje estão perdidos; só existem na memória de quem os viu.

Com Malú Maia, atriz do curta Loucura

As filhas e a sobrinha Mariana na Contato Produções, em sociedade com Alexandre de Oliveira

Com Ícaro Martins

Capítulo VIII

Kiko

Ainda em meio à realização desses curtas, certo dia fui abordado por um antigo colega da ECA. Conhecia-o meio de vista; não éramos da mesma sala. Ele era de uma turma posterior à minha. Tinha acabado de ver *Marilyn Tupi* numa sessão fechada na faculdade e estava entusiasmado: queria aproveitá-lo num longa-metragem. Era Ícaro Martins, meu amigo Kiko, com quem divido a autoria e a direção dos meus três primeiros filmes: *O Olho Mágico do Amor*, *Onda Nova* e *Estrela Nua*.

Ícaro, cujo nome verdadeiro era Francisco Cataldi Martins, nasceu em 1954, em Santos. Era cerca de um ano mais velho do que eu, mas entrou depois na ECA. Lá, ele rodou três curtas – *Rock*, em 1976, *O Tamanduá Taí*, em 1977, e *Tatuagem*, em 1978. No final dos anos 70, trabalhou como assistente de direção do Sérgio Bianchi, em *Maldita Coincidência*, e agora estava pronto para dirigir seu próprio filme.

Na verdade, durante sua realização, *Marilyn Tupi* foi tomando uma dimensão muito maior do que eu imaginava – começou como curta, virou média, e eu também já tinha grandes planos para torná-lo um longa. Houve uma época em que bolei o argumento para um filme sobre várias mulheres (sempre elas...) na cidade grande. Pequenas histórias interligadas. A *Marilyn Tupi* seria uma delas, depois passaríamos a acompanhar essa taxista que a atropelou e beijou. Mas foi só uma idéia. Diante da paixão do Kiko, acabei puxando o freio de mão. O argumento do Kiko também era muito bom. Ele encaixaria *Marilyn Tupi* como uma cena de delírio, quando a protagonista do filme, uma mulher casada, seria dopada. Tratava-se de uma trama policial, batizada como *A Mulher Fatal x O Homem Ideal*. Escrevemos o roteiro a quatro mãos e saímos por aí, com a minha moto CG 125, na peregrinação em busca de financiamento.

A produção dos curtas já havia me aproximado da chamada *Boca-do-Lixo*, a região do centro de São Paulo, ali nas imediações da Estação da Luz, onde se concentravam os escritórios de muitas pequenas produtoras e distribuidoras. Nos anos 70, ali se constituía um dos mais ativos pólos de realização cinematográfica do País, em especial de pornochanchadas. Foi na *Boca* que conseguimos o apoio de um produtor – Adone Fragano, da Olympus Filmes.

Inicialmente, blefamos, dizendo que tínhamos um investidor disposto a cobrir parte do orçamento de *A Mulher Fatal x O Homem Ideal*, que seria bastante exigente para os padrões da *Boca*. Mas não conseguimos nenhum e acabamos contando a verdade a Adone, que já tinha um orçamento fechado. Nossos números não batiam. O veredicto: *Cortem 30% do filme que eu produzo para vocês*. E lá fomos embora eu e Kiko, numa crise tremenda.

Simplesmente não havia como enxugar o roteiro. Pensamos, pensamos, pensamos, sem chegar a nenhuma conclusão. A solução não estava em diminuir *A Mulher Fatal x O Homem Ideal*, mas colocá-lo de lado por completo. *E se a gente oferecesse aquele outro argumento que havíamos discutido?*, perguntou Kiko. Levamos ao Adone essa proposta alternativa, ainda fraca, maldefinida, e ele simplesmente adorou. Deu sinal verde. Eu e Kiko nos trancamos em um quarto e, em não mais que uma semana, transformamos o argumento no roteiro de *O Olho Mágico do Amor*, nosso primeiro filme.

Foto enviada por Carla Camurati para fazer o papel de Vera Gatta

Capítulo IX

O Buraco do Amor

O Olho Mágico do Amor não nasceu com este nome, e nem mesmo naquele instante em que o apresentamos ao Adone. Depois que firmamos nossa parceria, claro que eu e Kiko não nos concentramos apenas em batalhar verba para *A Mulher Fatal x O Homem Ideal*. Também conversávamos muito, discutíamos filmes, revelávamos idéias e projetos... E, nessa troca, surgiu um argumento, ainda incipiente, a respeito de uma jovem que, trabalhando na *Boca-do-Lixo*, observava os encontros amorosos de sua vizinha.

No início, pensávamos em uma telefonista, de uma daquelas firmas no centro de São Paulo, cuja janela da sala dava de frente para outro prédio, no qual produtores da pornochanchada faziam testes para escolher suas atrizes. A história foi evoluindo até se tornar aquela que rodamos: Vera Gatta, uma jovem de família bem classe média, a mãe vendedora de cosméticos, o pai alcoólatra, na busca por seu primeiro emprego, vai parar na *Boca*, como secretária de uma sociedade de ornitólogos. Ali, descobre um orifício na parede que lhe permite ver o quarto ao lado, onde mora uma prostituta, chamada

Penélope, com os mais variados tipos de clientes. E o cotidiano da vizinha lhe provoca uma fascinação, um encantamento, que a liberta das repressões morais da sociedade machista. Daí o título original que havíamos escolhido: *O Buraco do Amor*.

Dá para entender o interesse dos produtores nessa premissa. Deixamos que eles pensassem o filme por este viés da pornochanchada – para nós, ele representava muito mais. Nunca tive nada contra o gênero. Como já disse, eu era rato de cinema, via de tudo, incluindo as chanchadas. Mas acho que o motivo pelo qual *O Olho Mágico do Amor* foi tão bem-sucedido, tanto de crítica quanto de público, é que havia ali um diferencial, uma outra ambição, uma outra abordagem. E todos notaram.

O Olho Mágico do Amor, na verdade, simbolizava a nossa tomada da *Boca*. Era aquele espírito de botar para quebrar, mostrar a que veio, dar a cara a tapa. Uma tentativa de um cinema possível, uma alternativa ao que se fazia na ECA, uma alternativa ao que se fazia na Embrafilme. E, com nossos amigos, nossas referências e nosso universo, fazíamos um filme que interessava aos produtores, sim, mas que também tinha a nossa cara. Não era um trabalho de encomenda.

Sérgio Mamberti e Tânia Alves

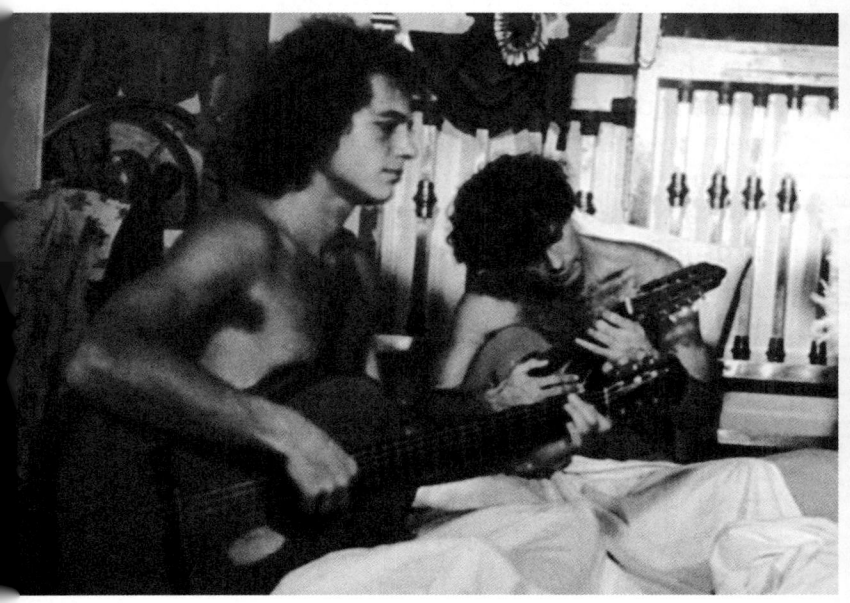

Nelson Jacobina e Jorge Mautner

Essa leitura é evidente até no próprio filme: a personagem principal, no fundo, representa Kiko e eu. Começando a carreira, chegando naquele ambiente novo da *Boca*, sem conhecer ninguém, e descobrindo ali uma nova e apaixonada visão. Nem preciso falar das inúmeras comparações que a crítica sempre traçou entre o ato de assistir a um filme e o prazer voyeurístico de observar secretamente a vida alheia, por um buraquinho, por uma fechadura...

Além disso, fazíamos questão de que, em um ponto específico, *O Olho Mágico do Amor* fosse o inverso da pornochanchada. O gênero era muito machista: a mulher era usada pelo homem e acabava sempre punida, castigada. Queríamos uma história em que, ao fim, a mocinha não era repreendida, mas sim libertada. Lembro muito bem que, quando rodei a cena final, na qual Vera finalmente ficava frente a frente com Penélope, falei para a Tânia Alves, que interpretava a prostituta: *Respira como a Marlene Dietrich em O Anjo Azul*. Era o paralelo com a redenção do velho que se apaixonava pela cantora no clássico filme de 1930. E assim, as duas iam se aproximando, se aproximando, se beijavam e não ficava claro se era uma fantasia da secretária ou não. Mas no fim, estavam juntas, na cama, diante do fundo infinito...

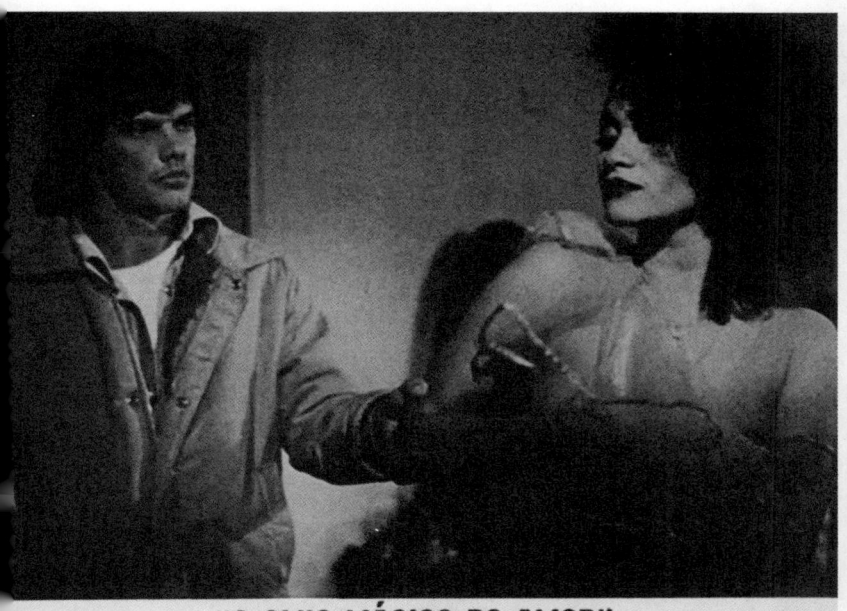

OLYMPUS FILMES apresenta **"O OLHO MÁGICO DO AMOR"** dist.: Ouro Nacional/Art-Films

Tania Alves * Carla Camurati * Enio Gonçalves * produção: Adone Fragano * direção: José Antonio e Icaro Martins *

Tânia Alves

OLYMPUS FILMES **apresenta** "**O OLHO MÁGICO DO AMOR**" dist.: **Ouro Nacional/Art-Films**

Tania Alves * Carla Camurati * Enio Gonçalves * produção: Adone Fragano * direção: José Antonio e Icaro Martins *

Tânia Alves

Capítulo X

Botando o Teco-Teco no Ar

Claro que trabalhar na *Boca* implicava uma série de restrições orçamentárias – naquela época, os filmes de lá eram feitos com não mais que US$ 300 mil (embora eu não me lembre ao certo qual foi a verba que conseguimos). E, mesmo *O Olho Mágico* tendo uma concepção extremamente barata, com figurinos emprestados, poucos personagens, muitas *participações afetivas* e não mais que três ambientes fechados, o aperto foi grande. Mas servia bem para provar que estávamos ali em busca de um *cinema possível*: abusamos de nossa criatividade. Nosso diretor de produção, Félix, costumava brincar dizendo que não adiantava tentar pilotar um jumbo se nós tínhamos um teco-teco. Eu e o Kiko estávamos decididos a fazer aquele teco-teco decolar.

Às vezes, também tínhamos que rebolar para conciliar nossos interesses e os dos nossos produtores. No geral, porém, nosso relacionamento foi sempre muito bom, muito estimulante. Ganhávamos os caras na cabeça, no papo, tentando provar como nossas escolhas eram as mais apropriadas para o resultado do filme. Foi assim, por exemplo, na seleção da atriz para o papel de Penélope.

Eu havia criado aquela personagem especificamente para a Tânia Alves. Pensei nela o tempo todo em que me sentei diante da máquina de datilografar. Mas Adone e seus colegas queriam alguém que tivesse mais a aura das pornochanchadas da *Boca*, alguém que já conheciam e em quem confiavam. Sugeriram a Helena Ramos. Eu insisti na Tânia, que, naquela época, ainda não havia se tornado famosa; era só muito querida entre os cinéfilos *cult*, principalmente os do Rio de Janeiro.

Cheguei a blefar, dizendo até que havia prometido e escrito aquele papel para ela muitos e muitos anos atrás, mas que ela não pôde interpretar porque havia engravidado. E aí percebi que a questão só ia ser resolvida quando eles a vissem, deslumbrante, diante deles. Fui buscar a Tânia e já avisei: *você vai como a personagem!*. Ela colocou uma roupa apertada, uma minissaia de couro, chegou lá e eles caíram de quatro. Foi aprovada na hora. É por isso que eu digo que foi todo um processo de tomada da *Boca*!

Mais complicado ainda foi achar nossa outra atriz principal. *O Olho Mágico do Amor* foi realizado em 1982, o ano que bateu o recorde histórico de produção cinematográfica brasileira. O cinema daquela época, principalmente o da *Boca*, era muito ágil. Tudo era feito rapidamente, um filme atrás do outro. Acabamos o roteiro e tínhamos pouco tempo de pré-produção antes das filmagens (que, por sua vez, não duraram mais que três semanas). Começamos logo a testar meninas em leituras com a Tânia. Nenhuma batia com o que a gente queria, mas no final, com o tempo se esgotando, nos contentamos com uma lá que havia sido aprovada pelos produtores.

Fui pra casa arrasado, cansadíssimo daquela maratona. Minhas filhas estavam vendo televisão e logo vieram me dar um abraço gostoso. Mas algo na telinha havia chamado minha atenção. Adorei o carinho das meninas, mas não consegui tirar os olhos de uma jovem atriz que estava atuando em *Amizade Colorida*, um seriado da Rede Globo no qual Antônio Fagundes vivia um fotógrafo. Na trama, ele namorava a personagem de Tamara Taxman, mas se apaixonava pela filha dela – e, na hora, eu soube que a atriz que interpretava esta filha era a *Vera* que eu estava procurando.

Kiko, Kiko, liga a TV! Achamos a nossa menina!, eu gritava no telefone. Só que o Kiko não era muito chegado em televisão, costumava não ter nem o aparelho em casa. *Tudo bem! Quando você a conhecer, tenho certeza de que vai adorar!*, garanti. *Vamos mandar buscá-la*. Só que, como eu peguei aquele capítulo de *Amizade Colorida* pela metade, o programa acabou e eu

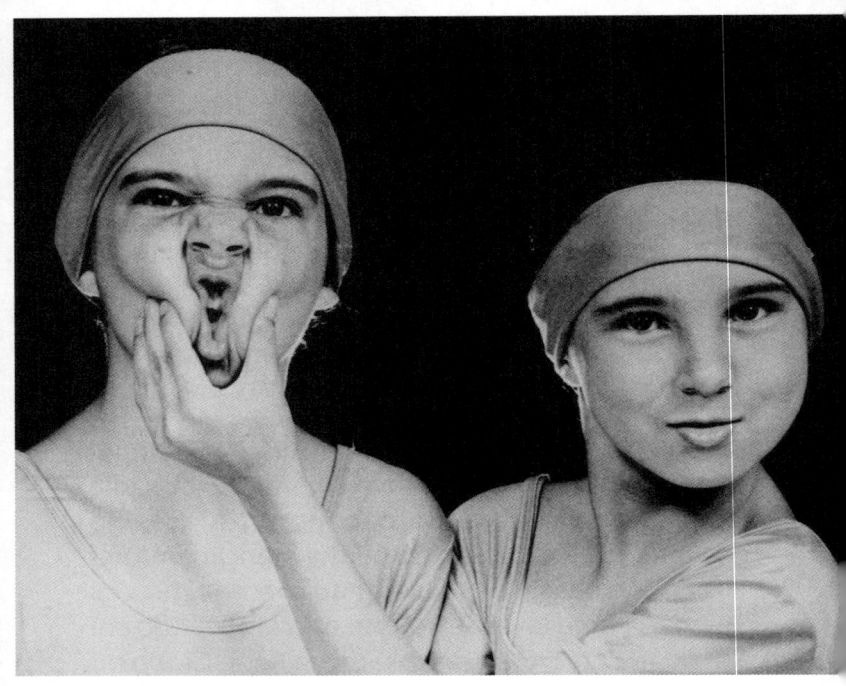

As filhas em 1987

continuei sem saber o nome da atriz. Na manhã seguinte, fui cedinho de moto na casa dele e depois rumamos para a produtora. *Mas como você vai explicar isso pra eles?*, o Kiko perguntava. *Já fechamos com a outra!*

Mesmo sem ter sequer quem apresentar para a Olympus, dei minha opinião ao Félix. *Já sei quem vai ser nossa protagonista! Liga pra Rede Globo e procura saber quem foi que fez o programa do Fagundes de ontem!*. Conseguimos localizá-la.

As filhas em 1989

Ela, carioca, havia estreado na TV com aquele *Amizade Colorida*. E, com *O Olho Mágico do Amor*, ela começava uma longa e apaixonada carreira no cinema. Era a Carla Camurati.

Mandamos o roteiro para ela. E o medo de que ela achasse que era alguma pornochanchada de 5ª categoria? Mas olha só a coincidência: Carla era então casada com Zé Renato, do grupo *Boca Livre*, que tinha uma participação musical no espetáculo *O Fado e a Sina de Mateus e Catirina*, estrelado por... Tânia Alves! E foi ela que Carla consultou. *Tânia, recebi um roteiro aqui no Rio, daí de São Paulo... Achei uma loucura, mas pode ser também muito interessante... Você conhece uns meninos daí, chamados...?* E a Tânia caiu na gargalhada. *Sou eu que vou fazer o filme, Carla! Pode vir, os meninos são ótimos, são o Kiko e o Zé Antônio!*

Buscamos a Carlinha de moto no aeroporto e, assim como a Tânia, ela deslumbrou os produtores. Era linda. Fizemos a leitura-teste e saímos para comemorar! Ali nascia nossa parceira, que viria a render quatro dos meus cinco longas-metragens – e é com ela que estou planejando o sexto.

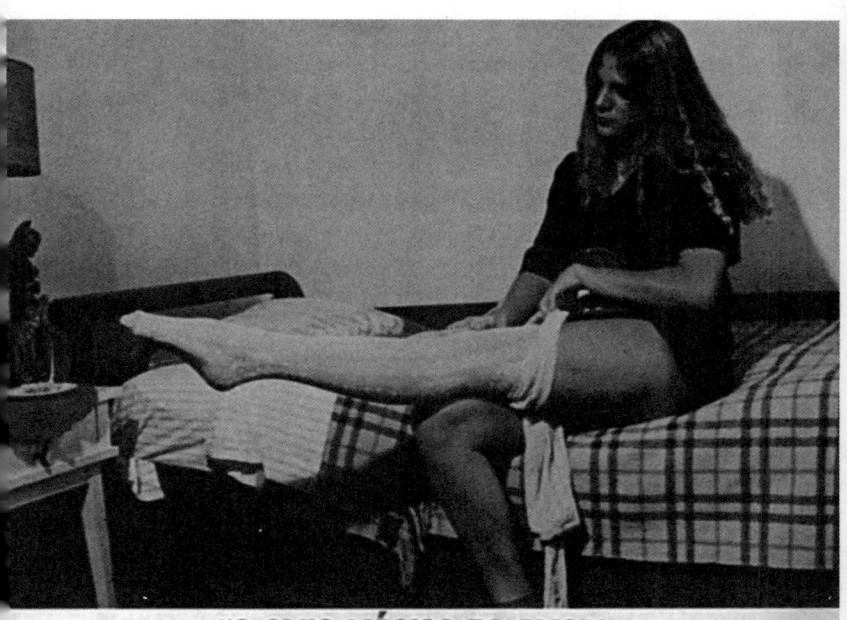

OLYMPUS FILMES apresenta **"O OLHO MÁGICO DO AMOR"** dist.: Ouro Nacional/Art-Films

Tania Alves * Carla Camurati * Enio Gonçalves * produção: Adone Fragano * direção: José Antonio e Icaro Martins *

Carla Camurati

OLYMPUS FILMES apresenta "O OLHO MÁGICO DO AMOR" dist.: Ouro Nacional/Art-Films
Tania Alves * Carla Camurati * Enio Gonçalves * produção: Adone Fragano * direção: José Antonio e Icaro Martins *

Tânia Alves e Carla Camurati

Capítulo XI

Participações Afetivas

Por causa da estrutura do roteiro, que mostrava diversos tipos de cliente da prostituta, *O Olho Mágico do Amor* permitia uma grande quantidade de participações especiais. Na escalação desses atores, além da questão financeira, contou também nosso intuito de levar o nosso universo à *Boca*. Fizemos questão, por exemplo, de chamar o Arrigo Barnabé, que era muito nosso amigo na ECA, e namorado da Cristina Santeiro, para fazer o *office-boy* que não tem grana para pagar o programa. Tânia recebe também a visita inesperada de um ladrão, a quem ela abriga e seduz após um assalto. A gente entregou este papel para o bailarino Ismael Ivo. E os policiais que baixam na *Boca* para procurá-lo são interpretados por Wladimir e Pitta, dois jogadores do Corinthians que já haviam atuado em *Hoje Tem Futebol*. E por aí vai.

Pra economizar cachê, até mesmo eu faço uma participação. Havia meu lado hitchcockiano, que adoraria figurar discretamente em cena (como o Kiko faz, interpretando um vizinho de Carla), mas no final fiquei com um papel até meio grande. Eu vivia o namorado da Carla que não compreendia muito bem as mudanças pelas quais ela estava passando. E olha que eu suei diante das câmeras! Foi quando fiquei mais nervoso. Numa das principais cenas, eu a perseguia de moto, cobrando uma explicação para seu afastamento. Eu já sabia pilotar, sempre tive motocicleta, mas a que me deram era maior do que a que eu estava acostumado. E pior: toda vez que Carla me dava um tapa cênico, eu achava que minha atuação soava pura canastrice. Só melhorei quando cobrei: *Carla, bate de verdade!*. E aí ela me deu um tapão mesmo!

O principal ator do filme, porém, é Sergio Mamberti. Nós já o conhecíamos do palco e das sessões na Sociedade Amigos da Cinemateca e ficamos muito felizes quando ele aceitou nosso convite. Ele interpreta o especialista em pássaros que contrata a Carla. E, quando precisei de uma senhora para interpretar uma cliente da mãe da Carla, que vende produtos de beleza, chamei a mãe do Sérgio. Ela foi muito solícita.

Situar o filme em uma sociedade de ornitologia foi uma escolha simbólica. Havia, claro, a referência a *Psicose*. Em certa cena, Norman Bates (Anthony Perkins), que adora empalhar aves, observa o quarto de Marion Crane (Janet Leigh) através de um buraco na parede. Mas, em *O Olho Mágico do Amor*, os pássaros também tinham uma leitura poética: ao fim da história, a personagem da Carla está livre para voar. Esse tema é retomado quando Tânia recebe dois clientes muito especiais: Jorge Mautner e Jacobina. Eu sempre gostara dos *shows* do Mautner lá no Colégio Equipe. O trio canta *A Lenda do Pégaso*, que Mautner compôs com Moraes Moreira: *Era uma vez, vejam vocês, um passarinho feio / Que não sabia quem era, nem de onde veio / Então vivia, vivia a sonhar o que não era / Voando, voando com as asas, as asas da quimera*. Eu adoro essa cena.

Embora tanto Mautner quanto Arrigo apareçam, quem cuida da música do filme é Luís Lopes, que nós também conhecíamos da ECA. Nós optamos por uma trilha apenas no piano, até porque o roteiro previa cenas em que a mãe da personagem da Carla ensinava o filho mais novo a tocar o instrumento. Para esse papel, nós chegamos a convidar a Isaurinha Garcia – eu queria que ela cantasse o célebre samba *Quando o carteiro chegou / E meu nome chamou / Com a carta na mão...* Mas ela veio na *Boca* e pediu uma fortuna. Não dava. Fomos atrás de uma substituta e tivemos muita sorte: por meio do Luiz Roberto Galízia, chegamos a uma companheira dele no Teatro Oficina, chamada Cida Moreyra, com quem fazia o espetáculo *Ópera Cabaré*, onde cantavam canções do Brecht. Além de ótima atriz, Cida era uma excelente cantora e havia mesmo sido professora de piano. Foi ótimo trabalhar com Cida, tanto que também a convidamos para nossos dois filmes seguintes, *Onda Nova* e *Estrela Nua*.

Outro motivo pelo qual pedimos a Luís Lopes uma trilha só no piano era porque a achávamos mais rápida e prática. No resto do filme, aproveitamos algumas brechas para incluir músicas incidentais de sucesso naquela época, todas dentro do contexto do filme. Quando o adolescente é levado pelos amigos para perder a virgindade com a Tânia, por exemplo, o radinho de pilha dela toca Luiz Gonzaga: *Mulher querendo é bom demais...*

Aliás, nesta cena, quem apurar os ouvidos poderá escutar antes da canção uma referência ao próprio filme, ainda no seu nome original, *O Buraco do Amor*. Foi mais uma brincadeira metalingüística que eu e o Kiko preparamos, com a ajuda do repórter cultural Maurício Kubrusly, naquela época ainda na Rádio Globo. Gravamos com ele um programa bem popular, em que ele nos recebia como convidados para falar do longa-metragem que estávamos fazendo.

Capítulo XII

O Prazer de Filmar

Revendo tudo isso, parece até inacreditável que eu e o Kiko, dois marinheiros de primeira viagem em longas-metragens, tenhamos sido capazes de realizar tanto em tão pouco tempo com pouquíssimos recursos. Foi um grande teste para a nossa criatividade, nosso jogo de cintura e nosso compromisso com o filme. Cada dia era um novo desafio. Era eu correndo em casa para pegar roupas da minha irmã e emprestando pra Carla; ou a Tânia trazendo contribuições do seu envolvimento com o teatro; ou a Cristina Muta-relli, nossa diretora de arte informal, tentando encontrar quem emprestasse as aves empalhadas para a gente.

O cenário do apartamento da personagem da Tânia foi montado num andar vazio de um pré-dio na *Boca* que Adone conseguiu emprestado. Eu queria que a decoração criasse um clima de verdadeira adoração. A cama tinha que ser quase um altar – e aí encontramos aquela, imponente, sólida, cheia de anjinhos. Para completar, não me fiz de rogado e trouxe uma penteadeira que havia sido da bisavó da Zezé, uma relíquia de família há quatro gerações.

Tudo que era nosso, enfim, era do filme – e isso foi até às últimas conseqüências. Hoje, quando assisto a *O Olho Mágico do Amor*, mato saudades da minha antiga casa, que aparece não habitada pela minha verdadeira família, mas ocupada pelos parentes ficcionais da personagem da Carla. Foi uma das nossas locações, assim como a sala do ornitólogo era, na verdade, o escritório da Olympus Filmes redecorado. Esse contrabando na fronteira entre cinema e realidade é muito louco. E não poderia ser diferente, já que, para mim e para o Ícaro, este era o tema nas entrelinhas daquela relação voyeurística entre a garota inocente da classe média e a prostituta.

O Adone, nosso produtor da *Boca*, sempre ficava de olho, às vezes palpitava, mas nos dava muita liberdade. Só cortava nossas asas quando lembrava que a grana era curta. Na abertura do filme, cheia de piados de pássaros, nos vingamos: seu nome aparece nos créditos bem quando se ouve um *quero-matar*, uma ave que ganhou esse apelido porque seu grasnar estridente soa como essa ameaça. Mas, claro, foi tudo uma brincadeira! Eu acho até que esse controle teve resultados positivos. Com pouca película, *O Olho Mágico do Amor* foi rodado numa proporção média de 2,5 para 1. Ou seja, para cada cena, fazíamos no máximo, estourando, três tomadas diferentes. Ficassem boas ou ruins, uma delas tinha que ir para a edição final. E esta restrição acabou me dando uma grande segurança visual que eu carreguei para o resto da minha carreira. Eu sempre entrei no *set* sabendo claramente o que eu queria, e da maneira como queria.

Outro elemento que me deu segurança, claro, foi a parceria com o Kiko. A gente tinha uma simbiose muito grande, difícil de explicar. Acho que a pedra fundamental nisso tudo foi termos criado *O Olho Mágico do Amor* muito juntos, desde o começo. Era uma idéia totalmente compartilhada, então ambos tínhamos um conhecimento muito grande do roteiro, do que ele representava, do que era importante em cada cena ou em cada personagem. A gente passava quase 24 horas por dia juntos, então tínhamos bastante tempo para discutir cada detalhe antes de colocarmos a mão na massa. Por isso, nos *sets*, a gente jamais entrou em conflito. Nunca tivemos de parar alguns instantes para tentarmos um acordo. Tínhamos um plano, que sempre visava o bem do filme. E essa parceria, essa empatia, é muito rara, ainda mais lidando com artistas. Não havia ego. A gente mais ou menos dividia a filmagem em blocos, alternava a direção de cada cena, mas na prática, estávamos sempre os dois no comando. Só que a um cabia dar a ordem: *luz, câmera, ação!*

Evidentemente que, na hora H, por mais que planejássemos tudo, sempre havia espaço para o inesperado. E aí, o que conta é a capacidade de improvisar. Um caso engraçado foi o da cena em que o Galízia participava. Ele fazia um senhor respeitável, pai de família, cliente habitual da Penélope. Ele chegava todo sério mas logo pedia, num sussurro tímido: *faz aquilo?* E a personagem da Tânia, animada: *aquilo?* Embora o filme não deixasse claro, no roteiro e nos bastidores nós nos referíamos ao personagem como o *da TFP*, membro da ultraconservadora *Tradição, Família e Propriedade*. E o que o roteiro mencionava, mas que não foi às telas, é que *aquilo* que ele desejava era ser penetrado por um *consolo*.

Mas, na hora em que a equipe do *set* trouxe o consolo... Era horrível! Tão feio, mas tão feio, mas tão feio, que a gente descartou imediatamente, entre muitas gargalhadas. Ainda tentaram maquiar, para assustar menos, mas ficou pior ainda, parecia que estava sujo. E a Tânia ria, dizendo que *nem Liv Ullman é capaz de entrar em cena com uma coisa dessas!*. E então a cena foi rodada de outra maneira: Galízia fazia o pedido, Tânia começava todo um ritual, botava um véu e, no lugar do consolo, trazia uma vela. É a mesmíssima idéia, mas a vela selou muito melhor com todo o contexto daquele personagem e com nossa irreverência diante da Igreja.

Por sua história e por sua origem, *O Olho Mágico do Amor* estava carregado de referências sexuais. Nunca foi algo que nos preocupasse. Montamos a personagem da Tânia a partir de tudo o que sabíamos ou tínhamos ouvido falar a respeito das prostitutas, seus fregueses, suas relações. O material era farto – a própria Boca era uma zona de meretrício. E o Kiko também conhecia a *Boca-do-Lixo* de Santos, onde ele nascera. Tentamos compor uma figura que fosse bastante rica, que não parecesse um clichê machista para satisfazer um esquema da pornochanchada. Ela é uma prostituta que sofre, apanha do cafetão, é maltratada. E nunca tivemos um enfoque maniqueísta, que tentasse pregar *isto é o certo, aquilo é o errado.*

Cada cliente representa não só uma fantasia sexual, mas também um segmento da sociedade. Assim como havia o reprimido pai de família da TFP, tinha também o caminhoneiro, que trazia maconha para ela fumar, o assaltante fugindo da polícia que desperta o carinho dela, o adolescente querendo deixar de ser virgem, os românticos que levavam o violão, o cafetão que era mais bruto e selvagem e, no fim, até mesmo o personagem do Sérgio Mamberti, chefe da Carla na sociedade de ornitologia ao lado. Nós fizemos questão de deixar ambíguo se a Tânia sabia ou não que estava sendo observada pelo buraco, por ele ou pela Carla, na parede contígua. Eu e o Kiko instruíamos a Tânia a, às vezes, passar e olhar sorrateiramente para a câmera, quando esta representava a perspectiva da secretária espiando pelo orifício. Era a intuição feminina, como se pressentisse aquela ligação forte que viria a libertar a Carla.

Não tenho receio de admitir que *O Olho Mágico do Amor* é um filme feminista, sim. Havia essa delicadeza no ar, mesmo quando tivemos de rodar as cenas de sexo. Eu trabalhei muito a intimidade e o respeito entre todos nós. A mensagem do filme também é feminista: acho superbonita aquela cena em que Vera finalmente assume seu desejo, se masturba, em casa, naquele pijama velho (que na verdade era meu). Pouco antes, sua mãe a havia colocado para dormir, alertando: *cuidado para não acordar sua avó*. Deixa a entender que a senhora está ali do lado, e é por isso que a masturbação é seca, engasgada, sem jeito. A Carla era uma atriz iniciante, tão jovem quanto eu, e aquele foi um momento de muita confiança. É por essas e muitas outras cenas que existe essa parceria imensa entre nós dois. Desde aquela época criamos uma identidade muito grande de pensamento. E isso já faz mais de 20 anos!

Capítulo XIII

Sentados na Última Fileira da Sala

Editamos *O Olho Mágico do Amor* junto com um montador habitual da *Boca*, o Jair Garcia Duarte. Ainda éramos do tempo da moviola, mas mesmo assim o processo não levou mais do que três meses. Como o filme já contava com um exibidor-sócio, havia um cronograma que precisava ser cumprido: rodamos o filme em junho de 1980 e o lançamos em março de 1981. E, entre uma coisa e outra, além dos três meses de edição, ainda havia a obrigatória avaliação pela censura.

Embora o filme contasse com cenas de sexo, mal dava para chamá-lo de pornochanchada, porque o pornô mesmo não existia. O gênero só se tornaria o pornô que conhecemos hoje, *hardcore*, com a chegada do videocassete, em meados dos anos 80. *O Olho Mágico do Amor* tinha nossa visão sobre sexualidade e libertação e em nenhum momento nos preocupamos com a opinião da censura (que começava a esmorecer, junto com o regime militar). Nossa única precaução, veja só, não teve nada a ver com sexo: a cena em que a Tânia fuma maconha com o caminhoneiro, eu filmei em um plano bem fechado, de modo que, se alguém reclamasse, era possível excluí-lo sem afetar todo o resto.

Foi à-toa. A gente já sabia que a censura não reteria o filme em definitivo. Eles barravam apenas aqueles com conteúdo político. Para os outros, apenas pediam alguns cortes. Mas o nosso voltou intacto. Foi feita uma única restrição, ao cartaz do filme, que nós rapidamente mudamos. E aí, sim, aproveitamos a oportunidade para rebatizá-lo oficialmente como *O Olho Mágico do Amor*, a contragosto dos produtores, que não queriam a mudança de jeito nenhum (e, na Argentina, ele foi mesmo lançado como *El Buraquito del Amor...*).

Quando exibimos nosso filho para a imprensa, eu quase tive um ataque nervoso. Na sala, nós e todos aqueles críticos; alguns deles eu costumava ler desde pequeno. Fiquei com medo de que eles execrassem o filme – imagina, éramos apenas dois moleques, eu e o Ícaro. Todos saíram mudos. *Acho que eles odiaram!*, confessei ao meu amigo. Até que, dias depois, abro *O Estado de S. Paulo*, e está lá, a primeira crítica, enorme, com a manchete: *Estréia de dupla de diretores paulistas no melhor filme nacional dos últimos trinta anos*. E assinada por ninguém menos que o Rubem Biáfora, que eu sempre achei um dos melhores críticos do país! Fiquei completamente atônito!

Aos poucos, fui notando que a maioria das críticas haviam sido bastante positivas. Muitos jornalistas captaram as referências do filme. Outros levantaram algumas que a gente nem imaginava. Mencionaram *Psicose*, claro, mas lembraram também de *A Bela da Tarde*, por causa da temática, e até mesmo de *Dillinger Está Morto*, de Marco Ferrari. Acho engraçado porque o Kiko sempre idolatrou o Hitchcock e eu venerava o Buñuel, então talvez inconscientemente colocamos um pouco dos dois.

Melhor do que essa repercussão, então, só mesmo o reconhecimento do público. Eu recordo que *O Olho Mágico do Amor* passou primeiro na Mostra de Cinema organizada pelo Leon Cakoff. Naquela época, ela ocorria em fevereiro. Aí, na semana seguinte, no dia 8 de março, entrou em circuito: Cine Windsor, Cine Ritz, Cine Liberty, Cine Lumiére e um outro de que não me lembro... Mesmo num ano saturado de filmes nacionais, foi um enorme sucesso. Depois de causar algumas filas aqui em São Paulo, o filme foi pro Rio de Janeiro.

Eu estava muito, muito orgulhoso. Se me deixassem, eu entrava em todas as sessões, só pra ver a reação do público. E é bem verdade que eu e o Kiko fizemos isso algumas vezes – sentávamos no fundo da sala e ficávamos de ouvidos atentos, captando cada comentário, cada risada. Ocorria algo muito interessante: notei que, nos cinemas do centro, por exemplo, a sala vinha abaixo na cena em que o Wladimir e o Pitta, jogadores do Corinthians, posavam como policiais. Todo mundo gargalhava. Já nos cinemas mais de elite, tipo o Liberty, a participação que melhor funcionava era a do Arrigo Barnabé. Naquela época ele já estava começando a estourar, todo mundo o reconhecia...

Acho que esse foi o principal legado de *O Olho Mágico do Amor*. Algumas das questões que ele levantava, a respeito da liberação sexual da mulher, daquilo que é permitido ou não pela sociedade, hoje estão datadas. Mas ainda é um filme que fala direto com o público – seja ele qual for. É muito gostoso de se ver. Na opinião de muitos amigos, ele rivaliza com *O Corpo* como meu melhor filme. Nós o filmamos cheios de dificuldades, na raça mesmo, mas a alegria que tivemos ainda está lá, até hoje, em cada fotograma.

Não posso esquecer de outra recompensa muito gratificante que *O Olho Mágico do Amor* nos rendeu: nossa participação e nossa vitória no Festival de Gramado daquele ano. Foi uma experiência fenomenal, a gente, logo no primeiro filme, conhecendo todo o universo do cinema ali. Era a nossa geração explodindo e um monte de veteranos no meio: de um lado Djalma Limongi Batista com *Asa Branca – Um Sonho Brasileiro*, o Luiz Alberto Pereira com *Jânio a 24 Quadros*, e o Ivan Cardoso com *O Segredo da Múmia*; e, do outro, o Paulo César Saraceni com *Ao Sul do Meu Corpo*, o David Neves com *Luz Del Fuego*, o Denoy de Oliveira, com *Sete Dias de Agonia*, e o Roberto Farias, com *Pra Frente Brasil*. Como eu já disse, foi um ano recorde de produções nacionais, tanto que pela primeira vez Gramado não realizou apenas sessões à noite – teve que agendar outras à tarde, também, senão não dava conta.

A Carla ganhou, de cara em sua estréia no cinema, o Kikito de atriz coadjuvante, empatada com Ruthnéia de Moraes por *Sete Dias de Agonia* e Bianca Byington por *Tormenta*. *O Olho Mágico do Amor* também recebeu o troféu Moliere de melhor direção do ano e o título de melhor filme do ano segundo os críticos do Sesc. Na premiação da Associação dos Críticos de São Paulo, ganhamos em melhor direção, melhor filme e outras sete categorias.

Com tanto apoio, eu estava mais do que pronto para realizar meu segundo filme. Achava que nada poderia me impedir de seguir adiante. Até que, numa noite chuvosa, um caminhão de gasolina cruzou o meu caminho.

Com Ícaro Martins

Capítulo XIV

A Morte Imita a Arte

Na época dos meus primeiros longas-metragens, não havia o costume de se filmar com som direto. Nós captávamos as cenas sem o áudio e, na pós-produção, os atores vinham dublar suas próprias falas. A Tânia, que havia começado a carreira como dubladora, se divertiu. Foi daí que eu e o Kiko tiramos a idéia para o nosso próximo filme, *Estrela Nua*.

Ainda na esteira da metalinguagem que havia em *O Olho Mágico do Amor*, pensamos em rodar um filme que falasse dos bastidores de um outro filme. Seria a história de uma atriz sempre chamada para os mesmos papéis suicidas, e que, por fim, acabava morrendo num terrível acidente de carro antes de colocar a voz na última produção da qual participara. Seria contratada, então, uma dubladora, com um timbre de voz parecido com o da atriz, mas que, no processo de emprestar sua voz a ela, acaba se identificando e detonando uma outra crise autodestrutiva. Era *a vida imitando a arte*, mas isso ganharia uma conotação ainda mais forte do que eu imaginava.

O Olho Mágico do Amor mal havia entrado em cartaz e eu e o Kiko já estávamos inteiramente absorvidos na preparação desse roteiro. O sucesso do filme nos estimulava ainda mais. Já tínhamos planos de não oferecer *Estrela Nua* para nossa produtora na *Boca-do-Lixo*, pois sabíamos que seria um filme bem mais complexo e, portanto, bem mais caro. Iríamos inscrevê-lo no próximo concurso para verbas da Embrafilme.

Numa noite fria e chuvosa de uma quarta-feira de abril, convidei o Kiko para comemorarmos a finalização do roteiro. Estava prontinho e cheio de potencial. Marcamos num bar chamado Ritz, que eu freqüentava. Só que ele não apareceu. Pintou algum imprevisto pessoal, não sei bem o quê – o Kiko estava com filhinhos pequenos, eu já havia passado por aquilo e entendia muito bem. Mas na espera, fiquei bebendo. Estava feliz, *O Olho Mágico* estourando, um novo projeto engatinhando. E continuei bebendo. Bebi, bebi, bebi.

A última coisa de que me lembro foi um amigo dizendo *não, não vai embora, fica, você está bêbado*. Depois disso, houve um escuro. E então eu acordei no hospital. Esse escuro durou os 15 dias em que estive em coma. E o que havia realmente acontecido naquela noite, eu só fiquei sabendo depois, pelo relato das testemunhas.

Havia ocorrido um acidente na Av. Rebouças. Um caminhão de gasolina havia acertado um fusca, empurrando o carro para a ilha no canteiro central. Todo mundo que quisesse passar, precisava se espremer em um desvio por trás da batida. Como sempre, eu estava com a minha moto. Não havia nem colocado meu capacete; deixei-o pendurado no meu braço. E, tarde da noite, mesmo sob uma chuvinha fraca, adormeci – assim como minha personagem do *Estrela Nua*, que morria voltando de uma festa.

Nossos destinos foram diferentes porque acho que eu estava em baixa velocidade, a uns 40 km/h. Senão, no momento em que acertei com tudo o caminhão de gasolina atravessado na pista, eu teria sido arremessado longe. De qualquer maneira, o impacto esmagou minha calota craniana. E, misturado com a bebida, forçou um reflexo de vômito, com o qual eu, desacordado, comecei a engasgar. Foi desse jeito que, aos 26 anos, quase morri.

O acidente entre o caminhão e o fusca já havia atraído uma série de curiosos que ali se aglomeravam. Todos ficaram ainda mais chocados quando me viram, em close, dar de cara com o caminhão. A reação foi nula: me viram estrebuchar, mas diziam para si mesmos *ih, morreu, morreu, não têm jeito*. Mesmo um policial, que havia chegado para registrar a ocorrência anterior, não tentou me resgatar.

O meu anjo da guarda foi um músico saindo da Rua dos Pinheiros, que parou diante daquela comoção, viu que minha perna se mexia e começou a brigar com o guarda. *Ele tá vivo, ele tá vivo!*, dizia. E aí me levaram finalmente para o Hospital das Clínicas.

O termo correto para o que ocorreu com minha cabeça é *descolamento da calota craniana*. De imediato, porém, os médicos me fizeram uma traqueostomia, para que eu pudesse voltar a respirar. Tenho a cicatriz até hoje. Minha perna também ficou esfacelada e tive de receber pinos. Permaneci duas semanas em coma, minha família, a Zezé, o Kiko e minhas filhas ficaram desesperados. Depois acordei, passei mais uns três meses ali, na UTI, e fui transferido para um hospital particular, onde recebi um implante de acrílico no topo do crânio.

Jamais voltei a andar de moto.

Uma experiência dessas mexe com a cabeça da gente – e não me refiro só à placa de acrílico que ganhei... Eu literalmente nasci de novo. Fui tomado de uma energia enorme, uma vontade de retomar minhas coisas, minhas paixões, minha carreira. Mas, em contraste, tive uma lentíssima recuperação. Eu morava numa casa em Pinheiros, andava de muleta pra lá e pra cá e, à tarde, sentava na varanda que dava para a rua, colocava minha perna engessada do tornozelo à virilha sobre um banquinho e, ali mesmo, começava a escrever. Lembro-me de um benzedeiro que passou por ali, viu minha situação e quase me convenceu de que poderia me curar e me livrar do gesso. Ele falava com tanta convicção, e eu estava tão cheio de vontade de me jogar na vida, que ele quase me levou na conversa.

Ao invés disso, eu permaneci 70 dias com a perna imobilizada. Com papel e caneta na mão, eu colocava para fora as muitas idéias que me surgiam naquele período em que não podia fazer nada, só observar tudo ao meu redor. O resultado do concurso da Embrafilme no qual *Estrela Nua* havia sido inscrito demorou pra burro. Só saiu em 1983. Tinha dias em que eu não me agüentava. Não queria esperar, já queria rodar outra coisa. Foi assim que surgiu o *Onda Nova*, meu segundo filme.

Com Cristina Mutarelli e Ícaro Martins

Capítulo XV

Estou Vivo!

Se, no final de *O Olho Mágico do Amor*, eu aparecia ao fundo berrando *Sexo, sexo! Eu quero mais sexo!*, ironizando a mentalidade dos produtores de pornochanchada, meu grito na conclusão de *Onda Nova* é bem diferente. Em plena Marginal do Pinheiros, eu solto um gutural *aaaaaaaaaaaah*, uma coisa animal mesmo, a fonte do prazer. Na verdade, todo o filme foi um enorme grito de *Estou vivo! Estou vivo!*

Onda Nova é uma crônica bem-humorada e juvenil de um time de jogadoras de futebol, o Gayvotas Futebol Clube (que, aliás, é o subtítulo do filme). É um grupo de garotas dispostas a vencer preconceitos, compartilhar amizades, enfrentar desafios, concretizar sonhos e, sobretudo, se divertir. É um filme leve, descompromissado, mas também muito experimental, lúdico e anárquico. O plano de tomar a *Boca* e fazer um cinema que mostrasse a nossa cara, iniciado em *O Olho Mágico do Amor*, aqui é levado às últimas conseqüências.

Já havia uma trajetória de envolvimento com o futebol nos meus trabalhos anteriores. O Ícaro também acompanhava os jogos (como todo legítimo santista, ele torcia para o Peixe). O *Onda Nova* foi bastante motivado pela minha prima Regina, que participava, com as amigas, de um time feminino no Corinthians, dirigido por uma menina chamada Nené. As histórias de cada uma daquelas garotas me permitiam tanto bater de frente com a caretice estúpida que, naquela época, ainda pregava que futebol era um esporte masculinizante, quanto montar um amplo painel sobre a juventude brasileira daqueles tempos.

Na verdade, quando ainda estava rascunhando o *Onda Nova*, eu o concebi como um programa de televisão. Uma espécie de novelinha, mas para passar num horário alternativo, mais tarde. O elenco seria composto apenas de mulheres. A trama progrediria normalmente de segunda a sexta-feira; aí, pararia no gancho da sexta, que só seria retomado na semana seguinte. E, no sábado, haveria um capítulo fechado, com começo, meio e fim, sobre a vida de uma das jogadoras. Nesse episódio, haveria a participação especial de um grande ator convidado.

Na ânsia de voltar à ativa, o argumento foi adaptado para o cinema. Entretanto, manteve muito do seu caráter episódico. De todos os meus roteiros, é o que tem a estrutura mais frouxa. Muito dele foi escrito poucos dias antes das filmagens.

Eram várias idéias que tínhamos durante a noite, aí sentávamos e, pimba, já adaptávamos. Foi assim, por exemplo, com a participação especial do Caetano Veloso.

Por causa do bom retorno de *O Olho Mágico do Amor*, o pessoal da *Boca* estava animado com nosso novo projeto. Tivemos uma verba um pouco maior, mas nada que evitasse o aperto com o qual já havíamos nos acostumado. Afinal, nossos gastos dessa vez também eram maiores. A idéia exigia muito mais atores, a história de cada uma das personagens implicava uma série de utensílios e caracterizações, as locações já não eram apenas três e várias delas eram externas... Novamente, a gente contou com o *zeitgeist* daquela nossa geração, a vontade de ajudar, de fazer acontecer. Rolaram novas participações afetivas e até mesmo de gente que já tinha pintado no *O Olho Mágico do Amor*. O Pitta, por exemplo, assumiu o papel do técnico do Gayvotas.

A criatividade também foi importante. A gente se virava do jeito que podia. A Cristina Mutarelli, nossa diretora de arte no filme anterior, repetiu a dose e ainda ganhou um papel. Ela era a goleira espevitada, que contrariava a família por querer ser futebolista e por manter um relacionamento a três com outros dois homens.

Eu, ela e o Kiko corremos atrás de um figurino de improviso, bem típico daquela época, pra todo mundo. Também batalhamos locações e, principalmente, procuramos outros times femininos que quisessem participar do longa-metragem, como rivais às Gayvotas.

Foi assim que a gente conseguiu, por exemplo, rodar uma disputa entre nossas meninas e o time da Polícia Feminina do Estado de São Paulo. E, de lambuja, também conseguimos autorização para filmar no clube em que elas treinavam. Foi um ótimo quebra-galho: rodamos cenas pouco importantes lá durante o dia e enrolamos até à noite, quando, aí sim, secretamente, registramos o que queríamos – uma transa da Carla com o namorado dela, no meio da quadra de futebol de salão. A personagem dela sempre escolhia os lugares mais estapafúrdios para fazer sexo!

As músicas também foram utilizadas gratuitamente. A trilha instrumental é novamente do Luís Lopes, mas, entre as músicas incidentais, veiculamos apenas a duração limite para a qual não era preciso pagar direitos autorais. Mais uma vez quis empregar sucessos contemporâneos, mas, se em *O Olho Mágico do Amor* o tom era popular, aqui era simplesmente pop. Tinha Michael Jackson, Rod Stewart... Havia ainda dois trechos musicais mais longos: um com uma canção da Rita Lee, no clipezinho das garotas indo de ônibus jogar em Santos, e outro em que a Tânia canta Tim Maia na boate. Pedimos autorização, explicamos a situação e o Tim e a Rita aceitaram tudo numa boa. E uma figurante, recém-chegada do sul, amiga de uma das atrizes, puxou um violãozinho e, junto com a Cristina Santeiro, novamente nossa continuísta, escreveu a canção-tema do filme: *Onda Nova, jogar com o coração pra frente...* Essa menina era ninguém menos que a Laura Finocchiaro, muito conhecida hoje em dia e querida pelo público *gay*.

O filme foi inteiro rodado assim, conquistando seu espaço, tomando o palco. Mas nem por isso deixávamos de sofrer com obstáculos de tudo quanto é tipo. Estávamos todos prontos para filmar cenas da Carla com o Chacrinha, por exemplo, e de repente recebemos a notícia de que o Velho Guerreiro havia adoecido gravemente. Tivemos que reescrever tudo e rodar apenas nos bastidores do programa, que, naquele período, passou a ser apresentado pelo Paulo Silvino. Outro problema: às vezes, era difícil achar uma brecha na agenda dos convidados especiais, muitos deles participando sem receber qualquer cachê. A mistura de profissionais com não-profissionais freqüentemente gerava atrasos. Além disso, um período de chuva retardou gravemente nosso itinerário de filmagens. Éramos muito dependentes de cenas externas. Resultado: as filmagens, que deveriam durar quatro semanas, entre abril e maio de 1983, se estenderam a seis. Estouramos o orçamento.

Com Ênio Gonçalves, Vera Zimmerman, Cida Moreyra e Cristina Mutarelli

Capítulo XVI

Um Time de Onze Histórias

Misturar artistas profissionais com amadores era necessário. Não teríamos tempo de treinar nossas atrizes para se tornarem boas jogadoras. Então, o Gayvotas era composto por algumas atrizes que não eram boleiras, algumas boleiras que não eram atrizes e outras que acumulavam ambos os talentos. Nenhum papel foi escrito especificamente para alguma atriz em especial – a única exceção, talvez, tenha sido a Vera Zimmerman.

Aliás, muito pelo contrário, o objetivo geral do filme era brincar com os papéis: os papéis que homens e mulheres supostamente exercem na sociedade. Como parte da nossa crítica se concentrava contra aqueles que impediam as mulheres de se expressarem no esporte, espalhamos ao longo de *Onda Nova* várias referências trocadas do que se acredita ser *masculino* ou *feminino*. A abertura, por exemplo, foi rodada no Parque do Ibirapuera. As roupas estendidas no varal evocavam a figura da lavadeira, associada à mulher, mas nossas atrizes tomam uma atitude dita *masculina*: picham nos panos os créditos do filme. Eu já havia usado essa idéia da pichação no *Hoje Tem Futebol*.

Time do Gayvotas

Outro exemplo: a família da personagem da Cristina Mutarelli. Quem faz a mãe controladora e autoritária dela, na verdade, é o ator Patrício Bisso. E, em todas as cenas, o pai fica sempre num canto, fazendo tricô. Inversamente, a mãe de uma outra jogadora é chofer de táxi, uma profissão considerada masculina (e que eu havia explorado em *Marilyn Tupi*). Essa personagem, vivida pela Cida Moreyra, dá total apoio à decisão da filha de jogar futebol.

A personagem da Carla era baseada no caso real de uma *socialite* que era chacrete no *Cassino do Chacrinha*. Então ela interpreta uma multi-milionária, que anda pra cima e pra baixo num conversível rosa, e que, além de adorar bater uma bolinha, também rebola no programa do Chacrinha. Era aquela nossa geração abalando as estruturas! A mãe dela, que eu chamei a Edla Von Steen para fazer, aparece em uma única cena, fazendo psicanálise no jardim. Carla anuncia que está de saída para um dos jogos e a ricaça, afetada, só suspira: *É a hora do lobo!* E, enquanto isso, o psicanalista aumenta o preço da consulta (e, como ele é interpretado pelo Adone, nosso produtor-executivo, fica aí outra brinca-deirinha sobre a *ganância* dos produtores).

Quando conversamos com as amigas da minha prima, durante a realização do roteiro, também percebemos que muitas delas eram filhas de jogadores de futebol. Havia muita identificação com o lado masculino do pai. Então criamos uma personagem assim, a Batata, que ficou para a própria Regina interpretar (outras meninas do time dela também foram chamadas para com-pletar nosso elenco de apoio). Ela vive a filha de um ex-atleta casado com uma cantora, feita pela Tânia Alves.

A Tânia, aliás, protagoniza duas ironias nada sutis a respeito da ambigüidade sexual que estávamos abordando. Primeiro, ela faz uma proposta indecente bem sugestiva ao marido, oferecendo-lhe junto uma gilete. E, em outra cena, entoa *Vale Tudo*, do Tim Maia, no clube *New Wave*, onde as garotas vão para namorar e se divertir. *Vale o que quiser, só não vale homem com homem, nem mulher com mulher*, ela canta. E, enquanto isso, duas meninas do time estão se beijando na pista...

Ênio Gonçalves e Tânia Alves

Ênio Gonçalves, Tânia Alves e Regina Carvalho

A gente fez questão de mostrar que, assim como havia garotas heterossexuais jogando futebol, também havia homossexuais, sem nenhum problema ou constrangimento. Eram meninas superfemininas. Uma delas é a filha da taxista, que, brincando com a velha associação entre homens, carros e sexo, pega emprestado o fusca da mãe para poder transar com a namorada no banco de trás. Há também outro casal homossexual: os dois namorados da personagem da Cristina Mutarelli. Próximo do final do filme, eles deixam de disputá-la e protagonizam entre si uma cena de amor.

Outro tabu que quebramos era o do nu masculino. Há um machismo que até hoje prega facilmente o nu da mulher no cinema, mas nunca o do homem. Nós o desafiamos de uma maneira muito naturalista: uma das meninas namorava um jogador de basquete e invadia o vestiário dele após um treino. As garotas do Gayvotas também apareciam peladas. O *Onda Nova* carregava um comportamento diante da nudez que era muito típico da minha geração. Aliás, hasteava várias ou-

Petrônio Botelho e Cristina Mutarelli

Pietro Ricci e Petrônio Botelho

tras bandeiras da nossa juventude. Ele fala muito sobre ir contra a opinião de seus pais e fazer o que se quer – pode ser futebol, no caso delas, ou cinema, no meu, ou seja lá o que for.

Está lá tudo aquilo pelo que a gente brigava: liberação sexual, das drogas, do aborto... Uma das personagens, por exemplo, pede francamente para que o jogador Casagrande tire sua virginda-de. Em outra cena, as meninas dividem um base-ado e, mesmo alterada, a filha da taxista decide pegar o carro da mãe emprestado novamente, desta vez para tentar levantar dinheiro para o aborto da Batata, que descobriu estar grávida.

Esta idéia foi uma daquelas que surgiram na minha cabeça quando as filmagens já estavam rolando e que o Kiko adorou. Ela era a premissa para que brincássemos com a figura do Caetano Veloso: ele traria uma outra mulher ao táxi e, enquanto dava uns amassos, ia pedindo para a motorista: *vai para o Viaduto do Chá, agora para a Liberdade*, etc. E a menina, ainda chapada com a maconha, não consegue achar o caminho para lugar algum. O Caetano não se importa: ele só quer um tempo e um espaço para poder namorar em paz.

O Caetano era um símbolo da nossa geração e adorou a oportunidade. Estava fazendo um *show* em São Paulo e veio participar da filmagem na maior boa vontade. Nem recebeu cachê. Quem intermediou o convite foi a Vera Zimmerman, para quem ele escrevera aquela música *Vera Gata*. Foi por causa dessa canção, até, que eu a quis no filme. Sabia que ela era uma excelente *peladeira* e criei uma personagem só para ela. O problema é que todos me diziam que ela estava na Bahia e eu não tinha como entrar em contato com ela. Até que, um dia, acidentalmente, dei de cara com a Vera no *Pirandello*, em São Paulo.

Ela tinha acabado de voltar da Europa, onde tinha encenado *Macunaíma* com o Antunes Filho. Estava com uma amiga, Lúcia Braga, que também jogava futebol, e acabaram as duas entrando no filme.

Onda Nova ainda teve a participação da Regina Casé, bem no comecinho, como uma amiga da Tânia que assiste com ela ao jogo do Gayvotas contra o Corinthians – as garotas vestidas de homem, os homens vestidos de mulher, com peruca e saia. E também a do Osmar Santos, que nós chamamos só na pós-produção, para narrar o jogo contra a seleção feminina italiana. Ele foi uma das muitas pessoas do universo esportivo que se ligaram no filme e adoraram a oportunidade de lutar contra o estigma do futebol feminino. Até então, um time como o da minha prima, no Corinthians, só treinava pela diversão e pelo exercício, sem poder participar de campeonatos, porque a CBF não permitia. Não sei se o filme ajudou, mas fico feliz que, algum tempo depois do seu lançamento, essa proibição arcaica foi derrubada.

123

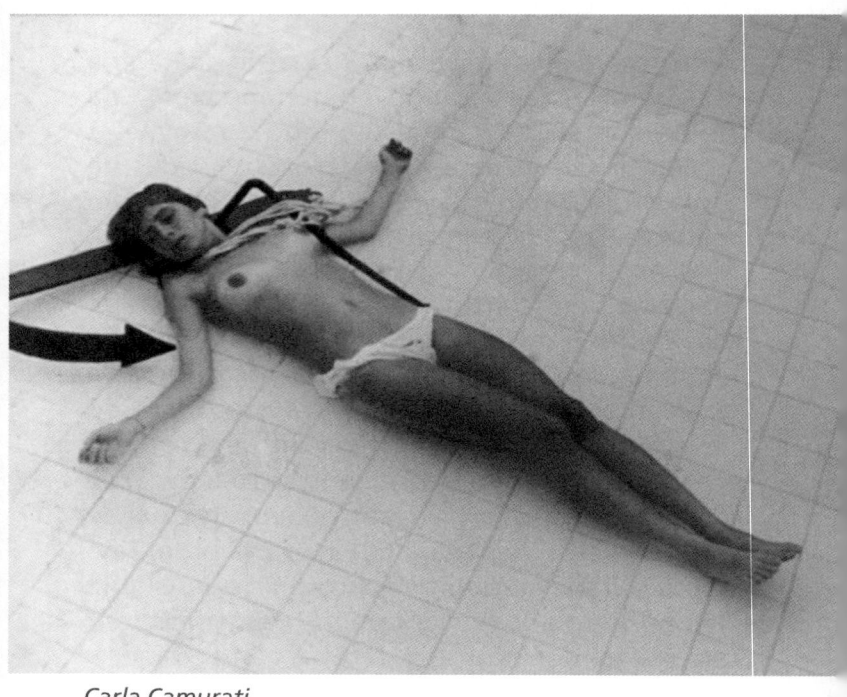

Carla Camurati

Capítulo XVII

Problemas com a Censura

O sucesso de *O Olho Mágico do Amor* foi nosso cacife para poder rodar *Onda Nova* do jeito que queríamos, mexendo em todos esses vespeiros. Mesmo os produtores da *Boca* chegaram a um ponto em que consideraram chocantes demais as cenas de sexo. *Ai, será que não tá muito forte?*, perguntavam. Mas ainda assim eles colocavam muita fé no trabalho. A gente ia driblando, ocupando, se infiltrando em cada brecha.

A censura, porém, foi muito menos leniente. Pagamos todos os pecados que foram ignorados em *O Olho Mágico do Amor*. *Onda Nova* ficou retido por um tempo enorme, especialmente por causa da referência ao homossexualismo e ao uso da maconha. Na época, a avaliação dos filmes tinha sido reformulada para um novo modelo. Um conselho de censores nos devolvia o longa-metragem praticamente retalhado. Tivemos de ir várias vezes à Brasília, sentar, discutir e negociar.

Graças a Deus, depois de muito argumentar, conseguimos que o *Onda Nova* fosse lançado sem qualquer supressão. Mas o mero tempo decorrido para obtermos esse resultado já havia afetado terrivelmente a integridade do filme. O lançamento foi atrasado, numa péssima época, no começo do ano, próximo da chegada dos filmes do Oscar. Para piorar, *Onda Nova* era tão experimental que deixou o mercado exibidor perplexo. Eles não sabiam em que tipo de cinema encaixá-lo. Não sabiam se era um filme popular, comercial ou *de arte*. Não havia, como hoje, uma rede consolidada de salas que abrigasse um cinema independente e questionador. No final, estreamos em apenas dois cinemas.

A crítica também não colaborou muito. Houve quem adorasse o filme, mas quem o taxasse como *o pior do século XX*. Digo que, com *Onda Nova*, levei duas porradas que alteraram minha vida: a da moto e a da crítica. Talvez tenhamos sido superestimados com *O Olho Mágico do Amor* e os jornalistas não admitiram que aqueles dois garotos que haviam achado seu caminho na estréia se desviassem e tentassem algo tão provocador. Era um filme duro de engolir e sabíamos disso.

Assim como o acidente de moto mudou minha perspectiva de vida, tomar esse balde de água gelada também me ensinou muito. São coisas que a gente aprende. É claro que eu e o Kiko sentíamos a pressão de rodar o nosso segundo filme, mas nada além do que seria natural para qualquer pessoa que deseja melhorar e se desenvolver. Fazer cinema é como beijar, como transar, como ter um filho – você sempre quer fazer melhor do que antes. Quer que a segunda experiência seja mais emocionante e reconhecida que a primeira. Ao mesmo tempo, não focávamos nossa preocupação na reação do espectador ou da crítica especializada. Artista nenhum pensa assim. O que nos interessa mesmo é instigar, provocar, desafiar.

O tombo também foi pior porque, na proporção de que nossa verba para *Onda Nova* foi maior, o prejuízo também foi. O filme rendeu muito pouco, e não digo apenas do ponto de vista financeiro. Ele levantava uma série de questões que nunca ganharam o espaço do debate público porque ele foi pouco e malvisto. Até hoje brinco dizendo que *Onda Nova* é o meu *filme maldito*, mas tenho enorme orgulho e carinho por ele. Certa vez, encontrei o diretor Walter Carvalho numa festa, e ele não me conhece, mas eu o escutei numa rodinha de amigos dizendo: *nossa, o Canal Brasil é fantástico, esses dias eu vi um filme lá... um tal de* Nova Onda, *ou* Onda Nova... *Não sei... Eu adorei, achei genial!* É bom saber que, mesmo em outra época, mesmo quando a juventude e o cinema já mudaram tanto, o filme ainda encontra reconhecimento.

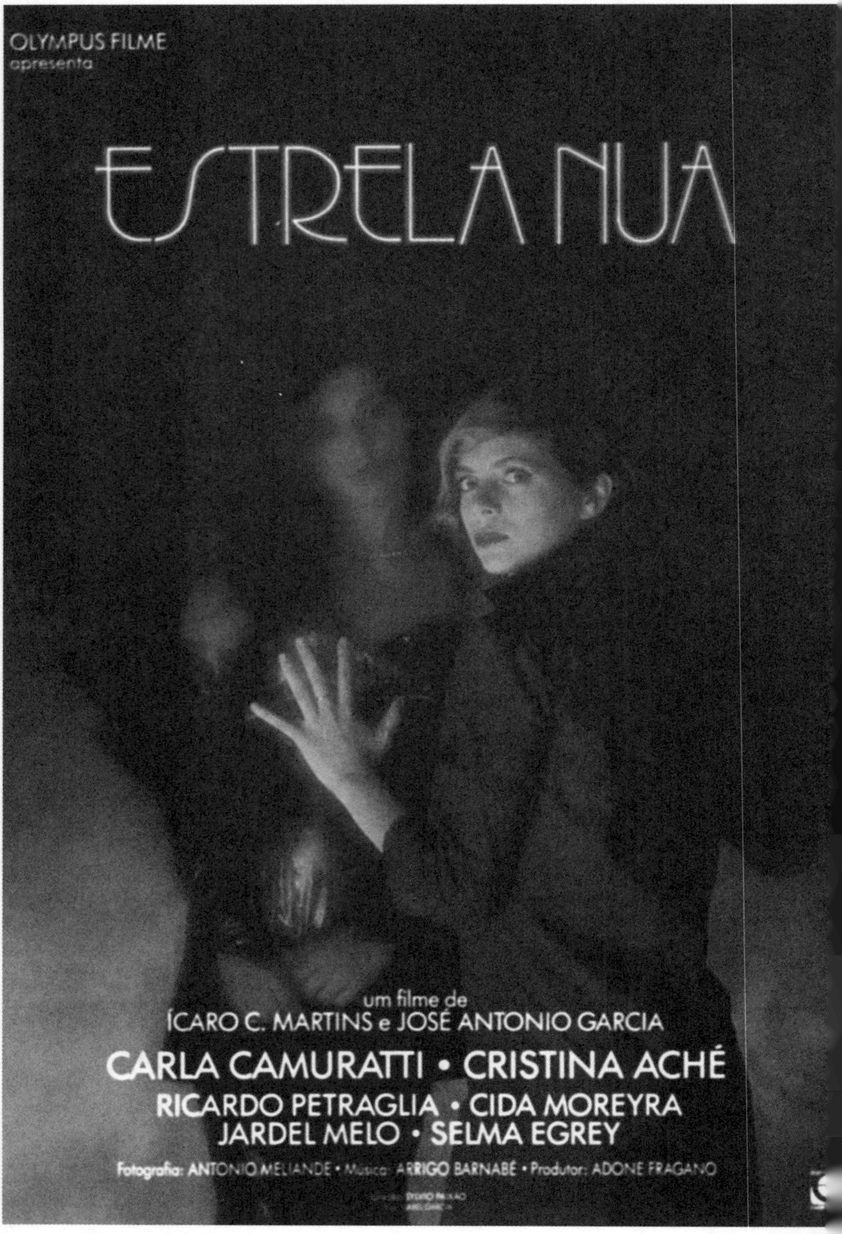

Pôster do filme

Capítulo XVIII

Autocinema

Depois de muita morosidade, a Embrafilme liberou um edital com o resultado daquele concurso para alocação de verbas em que havíamos inscrito o projeto de *Estrela Nua*. Estávamos entre os escolhidos! Já tínhamos, desde sempre, muita confiança na qualidade do roteiro e sabíamos que o sucesso *O Olho Mágico do Amor* nos daria pontos extras. Mas, mesmo assim, estávamos ansiosos! Não posso reclamar da demora porque o *timing* da Embrafilme foi preciso: nós praticamente saímos de *Onda Nova* e mergulhamos de cabeça em *Estrela Nua*. Emendamos um no outro. Não tive muito tempo para pensar na fria recepção do público e da crítica ao meu segundo filme.

Sabíamos que *Estrela Nua* seria nosso mais ambicioso projeto até então. Não havia como oferecê-lo aos produtores da *Boca-do-Lixo*. Queríamos lidar com uma estrutura mais rígida, com mais recursos, que possibilitassem, por exemplo, uma equipe maior, com mais profissionais para cada área específica. Considero o *Estrela Nua*, por exemplo, meu primeiro filme com uma figurinista profissional, a genial Emília Duncan, então em início de carreira. A verba da Embrafilme também permitiu o trabalho com grandes astros gabaritados, recompensados com cachês de verdade. Tratava-se, essencialmente, de um filme de atores, e agora poderíamos escolhê-los além do nosso círculo de amizade. Além disso, a Embrafilme tinha uma estrutura de distribuição em circuito nacional muito mais abrangente do que a *Boca* e mais condizente com as aspirações que tínhamos.

O próprio roteiro era muito mais elaborado. Levamos dois meses inteiros para concluí-lo, sem mencionar um segundo tratamento, após meu acidente de moto, e um terceiro, já com a verba, poucos dias antes de começar a rodar. Saía o tom leve e romântico de *O Olho Mágico do Amor* e *Onda Nova* e entrava uma trama muito mais densa, envolvendo um pouco de drama psicológico e suspense. Era o mergulho numa relação problemática que surgia entre duas mulheres – uma atriz, Ângela, sempre convocada para papéis radicais e autodestrutivos, e uma dubladora, Glória, que é contratada para substituí-la, após sua morte acidental, na pós-produção de seu último filme. Firma-se aí um laço de identidade poderoso. Aos poucos, Glória envereda pelo mesmo caminho de loucura e desejo que a mulher a quem está emprestando sua voz.

Entre as nossas referências, estavam mais uma vez *Persona*, do Ingmar Bergman, que já havia inspirado meu curta *Fragmento*, e *O Inquilino*, do Roman Polanski – a história desconcertante de um homem que aos poucos vai se identificando com a casa que aluga. Sempre amei Polanski e recordo até hoje do choque que foi ver Catherine Deneuve em *Repulsa ao Sexo*, quando eu tinha apenas 14 anos, entrando clandestinamente (como não podia deixar de ser) pelas portas dos fundos numa sessão no Cine Guarujá. Há também uma rápida menção a outro gênio que admiro: Billy Wilder. Carla aparece dublando Gloria Swanson em *Crepúsculo dos Deuses* – nada mais apropriado para um filme que queria falar sobre divas e estrelismos.

Estrela Nua é uma guinada radical em relação ao *Onda Nova*. Mas, na verdade, é um filme que faz pleno sentido na seqüência de *O Olho Mágico do Amor*, como ele havia sido originalmente concebido, já que ali também era estabelecido um vínculo entre duas mulheres e também havia uma discussão metalingüística a respeito do cinema. Não desconsidero, porém, o *Onda Nova*. Acho que seu furor e sua originalidade, surgidos no ímpeto do meu renascimento, constituem uma oscilação necessária nessa equação.

As sutilezas de *O Olho Mágico do Amor* para abordar o cinema desaparecem em *Estrela Nua*.

Queríamos algo radicalmente auto-referente. Estávamos, afinal, ambientando um filme na pós-produção de um outro filme. Há uma imagem da minha infância que guardo com carinho: nos almoços com macarronada, havia uma marca de queijo ralado cuja embalagem mostrava uma vaquinha segurando uma réplica da própria embalagem. E, nessa réplica, claro, havia outra vaquinha, segurando uma embalagem menor ainda, e assim sucessivamente. Eu ficava horas vidrado tentando identificar a menor vaquinha que meu olho conseguia captar, naquele mergulho rumo ao infinito.

Capítulo XIX

Em Busca das Estrelas

A Carla Camurati esteve associada ao projeto de *Estrela Nua* desde os primórdios. Não havia como não pensar nela enquanto escrevíamos o roteiro. Afinal, ela era, na melhor das definições, a corporificação da nossa alma de cinema. Contudo, a certeza da presença de Carla não facilitou em nada a escalação do nosso elenco. Qual o papel mais adequado para ela? O de Ângela, o de Glória ou até mesmo ambos?

Não tenho como descrever as noites infernais em que esta pergunta tirou meu sono. Carla, Kiko e eu conversávamos por horas e horas sobre as melhores possibilidades. Pensávamos em atrizes ideais que combinassem com a Carla ora como uma personagem, ora como outra. Cheguei a ter um sonho premonitório, dizendo que ela deveria realmente interpretar Ângela. Mas, por fim, consideramos que ela era jovem demais para o papel de alguém que estava consolidada na profissão e estafada de tanto realizar os mesmos trabalhos. Então, a Carlinha ficou como a dubladora. E, para viver a atriz, passamos a desejar alguém que fosse a essência feminina do cinema brasileiro – as mais cotadas eram Vera Fischer e

Sônia Braga. A Sônia estava com tudo naquela época, cheia de convites, inclusive no exterior. Acabou não rolando.

Outra possibilidade seria voltarmos a trabalhar com a Tânia Alves, mas aí achamos que *Estrela Nua* acabaria remetendo com muita força a *O Olho Mágico do Amor*. A metalinguagem ficaria muito escancarada. Além disso, naquele momento, a agenda da Tânia estava bastante atribulada. Ela estava rodando o Nordeste para promover *Parahyba, Mulher-Macho*, de Tizuka Yamasaki. Decidimos que a Tânia estaria presente só mesmo como a musa inspiradora do argumento original.

Encerramos a busca pela protagonista apenas quando pintou a Cristina Aché, uma atriz muito talentosa, que estava mais associada ao cinema carioca. Ela era casada com o Joaquim Pedro de Andrade, com quem fez *O Homem do Pau-Brasil*, e tinha estourado como a prostituta de *Amor Bandido*, do Bruno Barreto. Este foi um dos pontos que contaram a favor dela: ao lado da Carla, a Cristina representaria a fusão dos cinemas de São Paulo e do Rio de Janeiro. A gente achava essa simbiose muito interessante. E o tom de voz das duas era muito próximo, tornando mais crível a escolha da personagem da Carla como sua substituta.

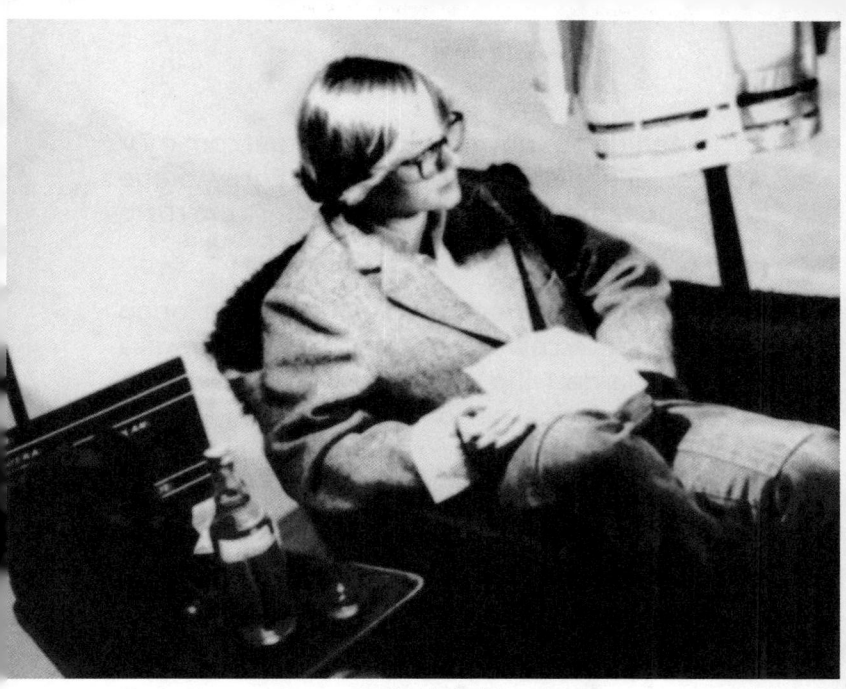

Carla Camurati na cena final do filme

Além da Carla, o filme também contava com velhos parceiros da gente, como a Vera Zimmerman, no papel de outra atriz, o Patrício Bisso, como diretor de dublagem, a Cida Moreyra, interpretando a melhor amiga da Carla, e uma ponta do Arrigo Barnabé. Completando o núcleo de artistas no estúdio, havia outra figura feminina forte, assim como a Vera e a Sônia, que planejávamos empregar: Marília Gabriela. Ela recebeu o roteiro e até se animou com a proposta, mas infelizmente foi impedida por um vínculo contratual com o *TV Mulher*. O papel ficou com a Selma Egrey, o que foi ótimo também, porque a Selma tem um rosto lindamente cinematográfico.

Outra rasteira que recebemos, ainda nesse longo processo de escalação do elenco, foi a trágica morte de Jardel Filho, em pleno Carnaval de 1983. Ele seria o principal personagem masculino da trama, um ator que mantinha um caso com Ângela e que, após a morte dela, passava a se envolver com Glória. Destinamos seu papel a um xará: Jardel Mello, mais conhecido como diretor de várias novelas da Globo, como *Sinal de Alerta* e *Cara a Cara*. Inversamente, para o papel do diretor do *filme dentro do filme*, queríamos um ator, jovem e forte. Escolhemos o Ricardo Petraglia.

Com Cristina Ache

Dirigindo Patrício Bisso

Capítulo XX

Do Lado de Cá e de Lá da Câmera

Filmamos *Estrela Nua* em não mais que cinco semanas, em junho de 1984. Aprendemos com nosso erro e montamos um itinerário de produção muito mais elaborado, sempre com opção chuva, ou seja, cenas internas que poderíamos rodar caso as externas tivessem de ser adiadas por causa do mau tempo. Filmar em estúdio de dublagem de verdade estava fora de cogitação porque nenhum aceitava interromper seu funcionamento regular. Então nosso quartel-general foi um estúdio de música, chamado Abertura, na Rua Joaquim Eugênio de Lima, devidamente paramentado pela nossa diretoria de arte para parecer um de dublagem. É nesse ambiente que se desenrola o fio-condutor do filme, mas *Estrela Nua* tinha também cenas protagonizadas tanto pela Carla quanto pela Cristina em outras locações, o que tornava sua realização bastante complexa.

Foi muito desgastante, por exemplo, filmar as várias manobras de carro que a trama exigia. A personagem da Cristina morre numa colisão logo no início e, mais tarde, no auge de seus delírios, Carla acha que está sendo seguida por ela.

As tentativas de despistar esse espectro levam a dubladora a, ironicamente, repetir quase o mesmo acidente que matou sua rival. Era a vida imitando a arte, não só no filme como fora dele – inevitável pensar no meu próprio acidente, não mais que dez meses antes. Mas as repercussões pessoais eram o de menos.

Com a ajuda da Companhia de Engenharia de Tráfego – CET, desviamos todo o fluxo da região e, no final, tiramos o motor do Karmann Ghia que a Carla dirigia para poder atear fogo nele em plena Praça Panamericana. A *perseguição espírita*, como eu a chamava informalmente, foi toda construída na montagem, usando planos de Carla e Cristina, dirigindo sem dublês, até o clímax do acidente que dava a impressão de que Carla tinha mesmo dado de cara com uma árvore e explodido pelos ares em mil pedacinhos. Tenho muito orgulho dessa cena; ela é tão bonita.

E, por falar em *pedacinho*, outro trabalhão foi rodar as cenas da personagem da Carla com seu filho, Jorginho. A responsabilidade ficou nas minhas mãos porque o papel coube ao caçula do Ícaro, que não queria filmar de jeito nenhum, e o próprio Kiko também aparecia em uma ponta como pai dele, com quem a dubladora mantinha uma relação distante. Mas que ninguém tente traçar a árvore genealógica da criança, ou vai ficar muito confuso: quando Carla tenta convencê-lo a se comportar, promete levá-lo *pra casa da vovó Célia, pra ficar com a tia Helena e a tia Zita*, uma referência clara à minha mãe e minhas duas filhas!

Estrela Nua brinca constantemente com o que há do lado de cá e de lá das câmeras. Vários personagens têm o mesmo nome que o dos atores que o interpretam, como Cida e Jardel. Na pós-produção, a voz do Jorginho foi dublada pela Cristina Mutarelli num tom bem caricato, porque queríamos ironizar o hábito que os estúdios têm de sempre empregar adultos para emprestar a voz a crianças. A personagem da Carla faz questão de só fumar cigarros Hollywood, uma brincadeira com a capital do cinema. Chegamos a mostrar a marca em *close*, mas nem foi *merchandising* – não pensávamos nisso naquela época. Outra marca que aparece bastante é a da companhia aérea Air France, quando mostramos Cristina Aché na Av. São Luís. Air France, por um acaso, também já foi prêmio de cinema (nós ganhamos um com *O Olho Mágico do Amor*).

141

O filme também marca a primeira colaboração *musical* do meu amigo Arrigo Barnabé, que antes só fazia participações afetivas como ator. Há três composições dele, todas cantadas pela Cida Moreyra (uma delas, ela até repetiu num álbum que lançou anos depois, só com grandes trilhas do cinema brasileiro). Atendendo a um pedido meu, Arrigo musicou um poema que escrevi junto com o primeiro tratamento do roteiro, chamado *Divino Mistério*. É com ele que encerramos o filme: *Oh, clara noite, que meu corpo toca...*

Capítulo XXI

Ecos

Na metade de *Estrela Nua*, Selma Egrey diz à Carla que *o cinema tem uma magia louquíssima; o que se filma geralmente acaba acontecendo na vida das pessoas que filmaram*. É uma previsão de como o desastre que matou Ângela pode facilmente se repetir com Glória. Da maneira como é falada, provoca a paranóia e o suspense necessários para instigar a personagem. Mas o inverso também é verdade: escrevi esse trecho no segundo tratamento do roteiro, depois do meu acidente. Com tanto intercâmbio entre nossas vidas e nossos personagens, nada mais natural que opiniões minhas e do Kiko impregnassem os diálogos da ficção. Há muitas falas em *Estrela Nua* que são ecos da nossa própria realidade.

Meu longo período internado na UTI motivou outra cena lindíssima da Cristina Ache. Ela está isolada, num leito hospitalar, carente, transtornada. Uma repórter quer entrevistá-la. *O cinema, cada vez que você faz, vão te chamando para papéis, mais papéis, mais papéis*, ela divaga. *Você entra numa maratona e não pára mais para cuidar de sua vida pessoal. Talvez se eu tivesse um filho, daria um outro sentido na minha vida.*

Ela reclama de uma dor de cabeça infernal. A enfermeira promete buscar um médico. *Foda-se o médico, eu não agüento mais!*

Quando a jornalista se aproxima, o tom exaltado some e surge uma súplica. Ela pega na mão dela. *Chega mais perto... Eu não agüento mais essa solidão, essa assepsia... Eu queria raspar todos os meus pêlos e falar todas essas loucuras no meu próximo filme.* Com o próprio *Estrela Nua*, concretizei todos esses desejos. Logo no início, Carla corta seus cabelos. Também mais tarde, aparece em um banho de banheira, em que ela adormece e sonha. Depois, corta seus próprios pelos pubianos e enrola-os em um baseado, ao som do *vocalize* exuberante que o Arrigo Barnabé compôs para que Cida Moreyra cantasse. A cena é uma citação de um poema de Yoko Ono no livro *Grapefruit*. A própria equipe achava que poderia ser de mau gosto, mas eu e Carla estávamos confiantes; reduzimos o pessoal no *set* ao mínimo necessário e rodamos a cena com muita graça e minimalismo. A comunhão entre diretor e atriz foi tão grande que logo no primeiro *take* já obtive todas as imagens que queria. Rodei um segundo apenas por hábito e precaução.

Em meio aos problemas provocados por Ângela, suas colegas de cena logo dispararam: *filme brasileiro só dá confusão*. Também chegam a dizer que *tudo no Brasil é feito nas coxas*, mas não se tratava de uma crítica denegrindo o país, muito pelo contrário. Nós estávamos ali assumindo nossa condição terceiro-mundista, com poucos recursos e muita criatividade, que resulta num cinema que eu consideraria até guerrilheiro, um cinema de defesa contra a concorrência estrangeira sempre mais tecnicamente sofisticada. O público nacional também carregou esse preconceito durante muito tempo, sem entender que o que se via na tela, bom ou ruim, era a nossa cara, e devíamos assumi-la sem vergonha. Parafraseando o Félix, podia ser um teco-teco voando, mas pelo menos era o nosso teco-teco, não um jumbo alheio.

A pornochanchada, por exemplo, deixou as pessoas com a impressão de que filme brasileiro sempre tem sacanagem. Não é verdade e, mesmo que fosse, não há mal nisso. Com *Estrela Nua*, já estávamos trabalhando sob a asa da Embrafilme, longe da *Boca-do-Lixo*. Não havia, portanto, nenhuma cobrança por cenas de sexo no filme. No entanto, há duas, discretas, que incluímos porque considerávamos necessárias para a trama. Não há nada gratuito ali. A transa entre Glória e Jardel, por exemplo, era importantíssima para mostrar até que ponto ela estava assumindo traços da personalidade da Ângela.

Acho que o país da gente naturalmente fala da sensualidade. É uma questão de pele. *Estrela Nua*, além das referências às personagens sexualizadas de Nelson Rodrigues, sempre presentes na carreira da atriz vivida pela Cristina, tinha todo um subtexto a respeito da total redenção, da entrega de corpo e alma (tanto que *Corpo e Alma* seria o nome original do longa-metragem, mas tivemos de desistir depois de descobrir que havia um filme homônimo na década de 40).

Esse calor e esse desejo estão tão arraigados no brasileiro que, assim como somos o país de maior miscigenação racial do mundo, acredito que temos igualmente um livre exercício da nossa sexualidade. Da mesma forma que tem que existir o branco, o negro, a mulata, também tem de haver diferentes comportamentos sexuais. Faz parte do que é o Brasil. Isso explica porque embora *Estrela Nua*, meu 3º longa-metragem, já não tivesse quaisquer das necessidades e intenções de mostrar a minha geração como haviam feito *O Olho Mágico do Amor* e *Onda Nova*, houve um tema que decidi manter – o da liberdade da orientação sexual. As personagens de Vera Zimmerman e Selma Egrey têm um caso. Em certo momento, Cida faz um *show* dentro de uma sauna *gay*, em cuja entrada eu faço a minha tradicional aparição hitchcockiana.

Eu fazia questão de mostrar que nosso prazer não segue rótulos e pode se manifestar de muitas formas. Tanto quanto em *Onda Nova*, queria desmistificar os estereótipos machistas que diziam que lésbicas se comportavam sempre como caminhoneiras e *gays*, como mocinhas. A sexualidade é muito mais ampla do que isso, porque surge sempre de um ato de amor. E, nos meus filmes, sempre há esse ato natural de amor, seja entre um homem e uma mulher, dois homens ou duas mulheres.

Capítulo XXII

Disputa Política em Gramado

A primeira exibição pública de *Estrela Nua* foi em grande estilo: saiu do laboratório de edição e finalização direto para o Festival de Gramado de 1985. Naquela época, ele não acontecia em agosto, como atualmente, mas em março. E o filme foi muito bem recebido. Havia um burburinho dando como certa nossa vitória e a premiação da Carla como melhor atriz, entre outras categorias. Mas, para nossa surpresa, 1985 foi o ano em que *A Marvada Carne*, de André Klotzel, levou Gramado de cabo a rabo.

Não que o filme não merecesse. É genial, delicioso. Mas estranhamos muito o direcionamento ideológico dos jurados, que vieram a público com uma carta de intenções justificando suas escolhas. Naquele momento histórico que a sociedade brasileira vivia, experimentando o gosto democrático depois de tanto tempo de ditadura, havia no ar uma intenção de se redescobrir as *raízes do Brasil*. E *A Marvada Carne*, um romance interiorano e ingênuo estrelado por Fernanda Torres, ia ao encontro desse desejo coletivo.

Não acho, contudo, que fosse motivo suficiente para pender tudo tão radicalmente para um único lado. Se eu fosse um dos membros do júri, ao invés de um dos concorrentes, certamente teria discutido essa posição. (Fui convidado a fazer parte do júri de Gramado quase dez anos depois, em 1994, no período em que o desmantelamento da Embrafilme já havia asfixiado a produção nacional e o festival se voltou apenas ao cinema latino; foi o ano em que *Morango e Chocolate*, de Cuba, saiu aclamado).

Não ficamos tão chateados porque, de certa maneira, já estávamos calejados. Fomos para lá preparados tanto para o fracasso absoluto, como ocorrera com *Onda Nova*, quanto para o sucesso absoluto, como foi com *O Olho Mágico do Amor* (e que acho que foi o que André experimentou nesse ano com *A Marvada Carne*). Estávamos, então, prontos para apenas curtir o festival, e, a despeito da polêmica, foi muito bom. Voltamos com os Prêmios Especiais do Júri de direção, fotografia e atriz (para a Carla). Nosso único Kikito dentro das categorias oficiais mesmo foi o de atriz coadjuvante para a Cristina Aché (embora a considerássemos tão protagonista quanto a Carla).

Prêmios são uma coisa engraçada. Alguns meses mais tarde, *Estrela Nua* venceria as principais categorias do Prêmio Governador do Estado: melhor direção, melhor figurino, melhor direção de arte, melhor trilha sonora para o Arrigo

Barnabé, melhor atriz para as duas, empatadas... Foi a nossa vez de monopolizarmos os troféus. E a Carla também recebeu o Moliére, um prêmio superconceituado. Mas já sabíamos que as coisas eram assim mesmo: às vezes se perdia, às vezes se ganhava. Quando se está no começo da carreira, você sofre muito mais. Hoje em dia nem tenho muito o hábito de inscrever meus filmes nos festivais... Até porque, se prêmio rendesse alguma coisa, eu não teria passado vários períodos com a grana curta e sem oportunidade para trabalhar.

A única coisa que talvez ainda me afete, de verdade, é a crítica. Crítica, quando vai contra seu filme, é sempre muito dolorosa. E pior ainda se envolver assuntos pessoais. Mas nisso o *Estrela Nua* se deu muito bem. Estreou em agosto de 1985, numa versão mais condensada que aquela vista em Gramado. Coincidentemente, entrou em cartaz no mesmo dia que *Além da Paixão*, filme do Bruno Barreto com a Regina Duarte que também fora aprovado no mesmo concurso da Embrafilme que a gente. E aí os jornalistas aproveitaram o acaso para traçar vários paralelos entre o cinema do Rio de Janeiro e de São Paulo, o que era bastante interessante, já que tínhamos uma atriz representativa da produção de cada Estado e algumas cenas do filme, embora rodadas em São Paulo, se passavam no Rio. Houve muitos elogios, embora não tantos quanto na época de *O Olho Mágico do Amor*. A repercussão junto ao público seguiu a mesma norma, até porque *Estrela Nua* era um filme bem mais difícil que o nosso *debut*.

A última vez que revi *Estrela Nua* foi no seu lançamento nessa nova mídia maravilhosa que é o DVD, no finalzinho de 2003. É um filme que me dá muito orgulho, especialmente do roteiro, das citações e da atuação da Carla e da Cristina. É também um filme que me marca por encerrar uma importante fase na minha vida: foi minha última parceria com meu grande amigo Kiko.

Nossa unidade de pensamento foi sempre tão incrível que, até mesmo na hora de nos separarmos, estávamos em plena concordância. Já desde os primeiros rascunhos de *Estrela Nua*, decidimos amigavelmente que aquele seria nosso último trabalho juntos. Estávamos prontos para tentar novas idéias e novas experiências. Desde então, mesmo em caminhos distintos, nunca perdemos o carinho e o respeito um pelo outro e mantivemos contato periodicamente. *Estrela Nua* foi o último filme que dirigiu, mas atualmente está com novo projeto de longa-metragem, em fase de captação. Durante um período, foi professor de roteiro na FAAP e também fez bastante publicidade.

Não fiquei apreensivo por voltar a dirigir sozinho. Eu já tinha, afinal, passado por essa experiência nos meus curtas-metragens. Saí confiante da minha trilogia com o Ícaro para iniciar outra, com uma parceira igualmente fenomenal: a escritora Clarice Lispector.

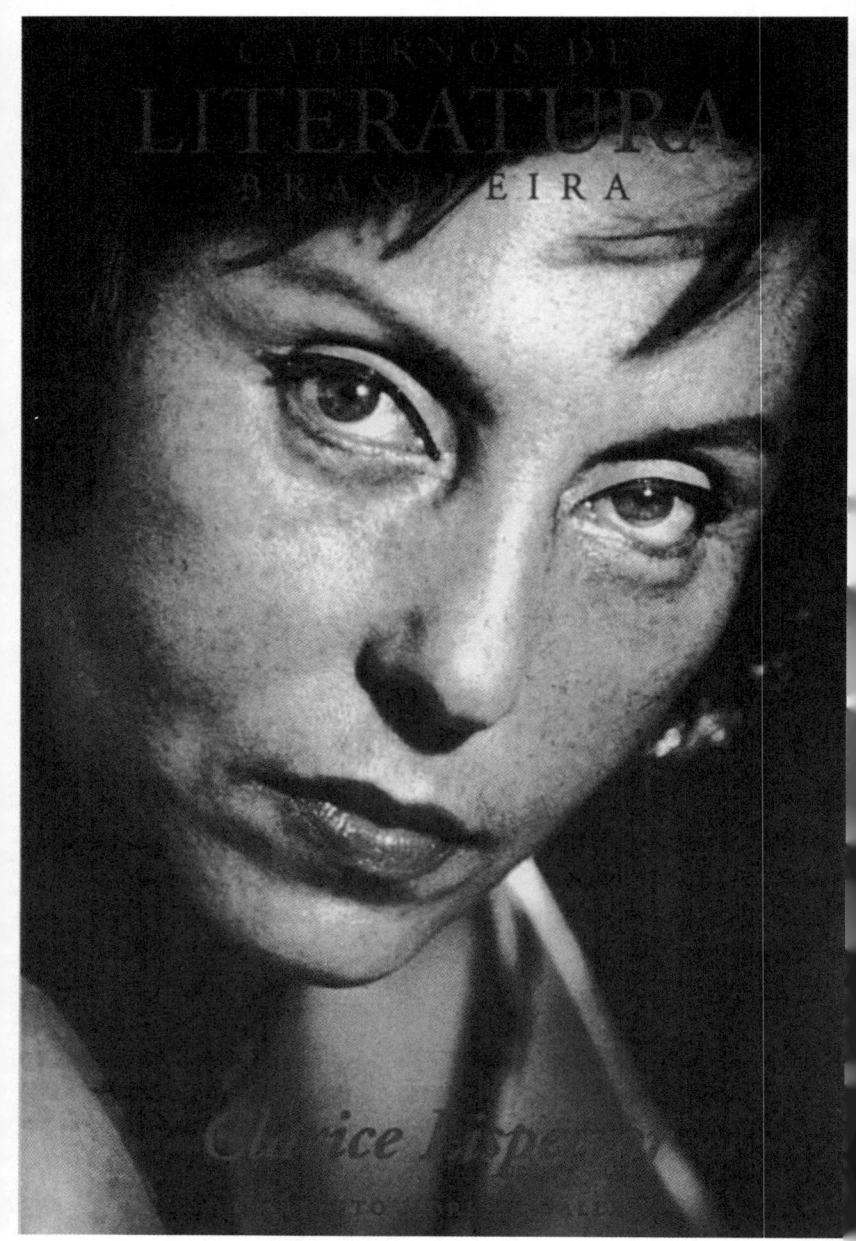

Clarice Lispector

Capítulo XXIII

A Hora da Clarice

Minha paixão por Clarice Lispector é quase tão antiga e forte quanto pelo cinema. Começou também na infância, estimulada por uma família de ávidos leitores. Com uns dez anos, coloquei minhas mãos (e meus olhos) num exemplar de *Legião Estrangeira*, livro de contos que ela publicou em 1964. Instantaneamente, me apaixonei. O choque foi imediato – aquela ucraniana naturalizada brasileira, nascida mais de 30 anos antes de mim, abordava um universo feminino que eu conhecia muito bem no meu cotidiano, como primeiro neto da minha avó, filho mais velho da minha mãe e, durante muito tempo, único sobrinho de uma porção de tias.

As mulheres sempre estiveram ao meu redor e agora seus desejos, suas dúvidas e suas paixões estavam ali, por escrito, na minha frente. Eu me identifiquei completamente com a maneira como Clarice observava o mundo, sempre de olho nas histórias mais próximas, dos vizinhos, das amigas, das empregadas domésticas e dos taxistas (ela adorava papear com taxistas). Era como um registro carinhoso, como se nos fizesse perceber que também são importantes os dramas e os amores que estão na nossa vida comum. E que estiveram na vida dela, também, como aos poucos descobri.

Sua história é fantástica, daria um ótimo filme: seu nascimento poucos meses antes da viagem de navio da sua família, fugindo da Europa socialista para o Brasil; a doença que paralisou e depois matou sua mãe; os problemas financeiros do pai para sustentar três meninas; sua vida em Maceió, depois Recife e Rio de Janeiro; o início batalhador da sua carreira como jornalista e escritora; seu casamento com um diplomata e as viagens que se seguiram; o nascimento dos livros e dos filhos; ela escrevendo com a máquina no colo, enquanto dava de mamar para o bebê; a dor da separação; o incêndio que a deixou com terríveis queimaduras e quase amputou sua mão...

Depois de *Legião Estrangeira*, devorei tudo que ela assinou, fosse romance, contos ou crônicas: *Laços de Família, Felicidade Clandestina, A Paixão Segundo G.H., A Hora da Estrela, Perto do Coração Selvagem*. E, junto com minha carreira, evoluía o desejo de levar aquelas histórias para o cinema. Com *Estrela Nua*, já me sentia suficientemente maduro para tentar. No próprio *Estrela* há uma homenagem à Clarice: em sua primeira cena, Carla Camurati surge adormecida no quarto, com um exemplar de *O Sopro da Vida* aberto em seu colo. É um livro metalingüístico, a autora escrevendo um conto para o personagem que acabara de criar. Foi também daí que tiramos o nome da dubladora vivida pela Carla: Glória. Frases de outros livros da Clarice, principalmente *A Bela e a Fera*, também são utilizadas no diálogo do filme que Ângela interpreta.

Após o lançamento de *Estrela Nua*, iniciei então um mergulho na obra da Clarice, disposto a escolher textos que pudessem ser filmados e a descobrir como fazer esta adaptação sem alterar aquilo que ela tinha de mais bonito, de autoral. Carla continuou minha parceira nesse longo processo criativo, lendo, ajudando, opinando. Ela seria novamente uma das atrizes deste novo filme, mas também queria ser co-roteirista.

A essa altura da década de 80, a Carla já era uma veterana, respeitada por seu talento e por sua inteligência, com diversos prêmios de cinema, por *O Olho Mágico do Amor* e por *Estrela Nua* e também por *Cidade Oculta*, do Chico Botelho, e *Eternamente Pagu*, da Norma Bengell. Em 1987 ela estrearia na direção com o curta *A Mulher Fatal Encontra o Homem Ideal*, que eu ajudei a roteirizar, e ao qual sugeri o título, inspirado naquele antigo projeto meu e do Kiko, anterior a *O Olho Mágico do Amor*.

Era o embrião de uma cineasta que nos daria ainda *Copacabana* e *La Serva Padrona* e que, sozinha, teria papel fundamental na retomada do cinema nacional com *Carlota Joaquina*.

Juntos, Carla e eu descobrimos um livro de contos da Clarice muito pouco conhecido, *A Via-Crúcis do Corpo*, que ela escreveu por encomenda pouco depois de ter sido exonerada do cargo de colunista no Jornal do Brasil. Meu interesse por personagens femininas naturalmente foi me levando na direção de histórias como *Miss Algrave*, *Ele me Bebeu* e *O Corpo*. Surgiu assim a primeira concepção da *trilogia da Clarice*: não três filmes separados, mas um único longa-metragem, episódico, que adaptasse esses três contos, cada um com cerca de 30 ou 40 minutos. Mas, aos poucos, esse projeto foi se metamorfoseando, pela própria natureza do material.

Ele me Bebeu é a história sobre a amizade de uma subgerente de uma agência de turismo, desquitada e solitária, chamada Aurélia Nascimento, com um maquiador *gay* em ascensão chamado Serjoca. Ambos vivem em Copacabana. O sonho dela é encontrar um homem que vai raptá-la da sua vidinha medíocre. E é o Serjoca quem a ajuda a se arrumar quando ela tem um novo encontro amoroso. Toda noite, ele *constrói* uma máscara para Aurélia, transformando-a numa nova mulher, mas suas histórias de amor sempre naufragam. É uma metáfora para a falta de personalidade dela.

Até que um dia, acidentalmente, eles encontram um multimilionário do ramo da siderurgia chamado Afonso Carvalho. Ele está saindo do Copacabana Palace, vê que a dupla aguarda um táxi e dá carona a eles em sua limusine. Afonso tem uns 40 anos, acabou de se divorciar e aos poucos traz Aurélia e Serjoca para o mundo dele. Só que Aurélia passa a sentir ciúmes da atenção que Afonso dedica a Serjoca, elogiando o trabalho do maquiador, dizendo que é uma verdadeira obra de arte, capaz de realçar ou anular a beleza de uma mulher. E, aos poucos, ela fica obcecada com a idéia de que seu amigo está apagando os traços de seu rosto para poder ficar com Afonso só para si.

159

Quando li esse conto, me apaixonei. De certa maneira, na minha visão, ele eclipsou *Miss Algrave* – a história de uma jovem inglesa, metódica, moralista, religiosa, que jamais deixou qualquer homem tocar seu corpo, até que uma lufada de vento traz ao seu bairro, o Soho, um homem vindo de Saturno, que faz amor com ela e provoca sua libertação sexual. É a volta do tema da descoberta dos próprios desejos e do fim da repressão.

De qualquer maneira, percebi que um roteiro contendo os três contos ficaria muito longo. O ideal era mesmo realizar longas-metragens individuais para cada um. E, dos meus conhecimentos sobre a Clarice, acumulados desde os dez anos, eu já tinha a noção de que *O Corpo* era o mais adequado e preparado para ganhar forma e ser fartamente desenvolvido num filme naquele momento. Foi então por ele que decidi começar.

Capítulo XXIV

Um Cadáver no Quintal

O Corpo me instigava porque permitia começar meus trabalhos com Clarice *na contramão*: ela e eu gostávamos de figuras femininas, mas aqui estava um carismático protagonista masculino. E até bem machista. Desafiando o senso comum e a caretice da sociedade, o farmacêutico Xavier morava tranqüilamente com suas duas esposas, Bia e Carmen, que não se importavam de dividir o teto, a cama e o amor do marido. Era uma família pouco convencional, mas feliz. As mulheres, no entanto, assumiam o centro da trama quando descobriam que o insaciável Xavier tinha uma amante. Quem disse que elas não sentiam ciúmes?

Num acesso de fúria, as esposas decidem matá-lo e enterrar o corpo no quintal. Com muita leveza e graça, Clarice vai descrevendo as conseqüências desse crime como se fosse uma vizinha a espionar Bia e Carmen por cima do muro. E isso eu achava um toque genial, que quis trazer para o filme. Ela mesma abre a série de contos de *A Via-Crúcis do Corpo* justificando como ficara sabendo daquelas histórias. *Juro que não aconteceu com nenhum dos meus amigos, ninguém da minha família. Como é que eu sei? Sabendo. A artista ainda sabe das coisas.*

O papel do narrador é sempre importante para Clarice. Na mesma época em que estávamos preparando *O Corpo*, pintava também a primeira adaptação dela para o cinema: *A Hora da Estrela*. É um filme simplesmente fantástico. Eu adoro o trabalho da Marcélia Cartaxo, que interpreta a Macabéa. Mas ali, por exemplo, acho que faltava a visão da patroa que contava aquela história no livro, quase como se tentasse expiar seu remorso por ter testemunhado aquela trajetória de tanta pobreza e tristeza da sua empregada, na sua própria casa, sem nunca ter feito nada. Mas, mesmo assim, a diretora Suzana Amaral fez um filme muito, muito bom. E eu tive o privilégio de trabalhar com o mesmo roteirista que ela, o Alfredo Oroz, um ser humano maravilhoso, passional, muito querido.

O Corpo dura não mais que quatro ou cinco páginas no livro. Evidentemente, Alfredo e eu tivemos de detalhar mais a história, com novas cenas que considerávamos corretas para aqueles personagens e aquele universo. Não foram os acréscimos, porém, que assustaram a família de Clarice quando fomos pedir a autorização para realizar o filme. Paulo, o filho dela, formado em administração, tinha uma relação bastante formal e protetora com o legado da família. Seu grande medo era que utilizassem a bigamia de *O Corpo* para reduzi-lo a uma pornochanchada qualquer. Não queria que a imagem e o renome de sua mãe, uma grande escritora, fossem empregados de forma menor. Assegurei que esta não era minha intenção e, ao longo de alguns encontros, a família de Clarice percebeu o enorme respeito que sentia por ela.

Com a parte jurídica resolvida, faltava só acertar a questão financeira. A Embrafilme estava dando seus últimos suspiros – seu esquema de funcionamento e distribuição de verbas, há muito criticado, parecia esgotado e passava por sérias reformulações. A crise era agravada pelo crescente divórcio entre o cinema brasileiro e seu público, que começava a atingir índices graves. O circuito de exibição também estava definhando a olhos vistos e as primeiras vítimas foram os chamados *cinemas de bairro*, como aqueles muitos da minha infância. E, claro, no setor econômico, todo mundo lembra daquela época: inflação astronômica, planos de governo equivocados, troca de moedas...

Ainda assim, tive a sorte (ou o azar) de ser beneficiado no último contrato assinado pela Embrafilme, em 1989. Ele destinava verbas para 12 produções, entre elas *O Corpo*.

De resto, voltei a ter a parceria do Adone Fragano, da Olympus, nossa produtora dos tempos da *Boca-do-Lixo*. O desmantelamento oficial da Embrafilme, já no governo Collor, acompanhado do plano econômico da ministra Zélia, que congelou o restante do meu dinheiro, só viria a afetar *O Corpo* gravemente no período de pós-produção.

Capítulo XXV

Um *Latin Lover* Malandro, um Retângulo e um Círculo

Se, para *Estrela Nua*, minhas referências eram Bergman e Polanski, para *O Corpo* a chave era bem diferente. Primeiro, eu queria emprestar aquela sensualidade do cinema italiano dos anos 50 e 60 que eu conheci na minha infância. Aquela coisa da calcinha e do sutiã, ao mesmo tempo muito *sexy* e muito ingênua, a beleza natural da Sophia Loren, da Gina Lollobrigida. Atraía-me o humor do Fellini e o lirismo cruel do Visconti, que caberiam bem em *O Corpo*, cada um em uma metade da história.

Segundo, eu queria que o filme fosse uma espécie de síntese do nosso sentimento de *latinidád*. Queria meu Xavier como uma mistura do malandro carioca, canalha e cheio de ginga, com o galã *latin lover*, sedutor e carinhoso. Da mesma maneira, o conto me sugeriu duas personalidades muito distintas para Bia e Carmen. A primeira me remetia a uma imagem circular, que envolve, que abraça, que perdoa. É o colo, é a mãe. Já a segunda era mais rígida, uma figura retangular, mais decidida, forte, espanhola.

Dessa maneira, logo quando li *O Corpo* vieram na minha cabeça os nomes de Antônio Fagundes, Cláudia Jimenez e Marieta Severo. Era uma excepcional trinca de astros: o Fagundes, consagrado no cinema e na TV; a Cláudia, que eu tinha visto fazendo *Valsa Número 6* no Rio de Janeiro e que começava a roubar a cena nos programas do Chico Anysio; e a Marieta, uma personalidade muito querida e renomada nos palcos, na TV, no cinema... Completando o elenco principal, Carla fez o papel da amante, a prostituta Monique.

Quando a Embrafilme liberou a verba, porém, recebi a notícia de que Cláudia Jimenez havia sido diagnosticada com câncer. Graças a Deus, deu tudo certo, ela se recuperou, mas nesse atraso o Fagundes se envolveu com uma novela. Cheguei a sondar Daniel Filho e José Wilker para substituí-lo, mas no final as agendas se encaixaram e tive a sorte de poder trabalhar com as minhas primeiras opções para cada papel. Era um time de feras! Confesso que até fiquei um pouco intimidado na hora de dirigi-los, mas eu tinha o filme muito seguro dentro de mim.

Uma prova disso, por exemplo, foi um longo debate que tive com Fagundes na composição de seu personagem. Ele resistia de todas as maneiras à sugestão de tingir seus tão conhecidos

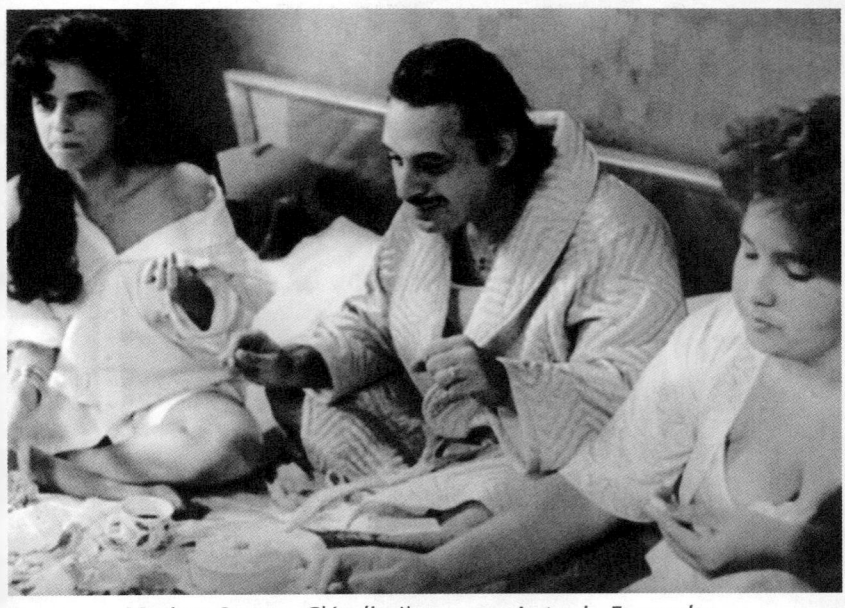

Marieta Severo, Cláudia Jimenez e Antonio Fagundes

cabelos grisalhos. Achava que tintura era coisa para galã, para artista que queria se esconder atrás da beleza ou da juventude. Ele era um ator de verdade. *Acho que posso criar o Xavier sem pintar os cabelos*, dizia. E aí eu tive de explicar para ele que *O Corpo* precisava alçar os personagens da caricatura à realidade. Era preciso desenhar uma paixão que os humanizava, senão a história não conseguiria sair do reino do absurdo, do anedótico – duas mulheres que aceitavam dividir um marido mas que perdiam a paciência quando surgia uma terceira.

Com Carla Camurati

E aí, no primeiro dia de filmagem, eis que veio Fagundes já todo maquiado, com os cabelos pretos, me mostrando um anelão de rubi no dedo e um bigodinho postiço, que homenageava o Zé Trindade, os clichês da chanchada, do início do humor nacional. Ele estava o máximo. E sua interpretação, aliás, também foi o máximo. Há alguns anos, li uma entrevista com ele num jornal goiano e ele contava que só tinha pintado o cabelo uma única vez em sua carreira, *porque senti que o diretor tinha certeza do motivo*. No fim, foi tudo apenas um teste para ele checar se eu realmente tinha devoção pelo material e completa consciência do que queria extrair dele.

Pôster do filme

Capítulo XXVI

Minha Interpretação do Conto

Sob muitos aspectos, *O Corpo* poderia ser considerado uma nova estréia para mim. Era a primeira vez que utilizava um roteiro baseado na idéia de outra pessoa; a primeira vez que filmava com um elenco de grandes estrelas; a primeira vez que rodava cenas no Rio de Janeiro e em São Paulo; a primeira vez que construía um grande cenário em estúdio; a primeira vez que empregava som direto, ao invés da dublagem posterior (sob responsabilidade de Lia Camargo e Tide Borges)... Todos esses elementos também explicam porque esta foi a produção mais cara da minha carreira até então. A cada filme, meu orçamento subia mais um degrau na escadinha... Claro que *O Corpo* também não foi uma megaprodução milionária – como sempre, havia alguns apertos financeiros aqui e ali.

O Adone, por exemplo, chiou quando gastei parte da verba erguendo em estúdio todo o interior da casa onde moravam Bia, Carmen e Xavier. Para as cenas externas, nós mostrávamos a fachada de uma residência que encontrei no Bixiga, que tinha um ar meio misterioso e antigo. E, para o quintal, usamos uma outra casa, que tinha um área maior nos fundos, onde construímos o galinheiro e o varal. Mas eu não queria utilizar o interior de nenhuma dessas locações. Meu plano era manipular a decoração da casa como uma sutil indicação da infelicidade que invadia aquela família. Depois que Bia e Carmen descobrem a traição de Xavier, nossa equipe de direção de arte, liderada por Felipe Crescenti, fez um excelente trabalho rachando gradualmente as paredes, embolorando o teto, empoeirando os móveis, puindo as cortinas...

E o problema de trabalhar com dois produtores era ter de defender minhas idéias em duas frentes. Do lado da Embrafilme, quem palpitava era o Aníbal Massaini, que insistia que *O Corpo* deveria ser um filme de época. E eu não achava necessário especificar em que década a trama se passava. Quanto mais vago, melhor. *Você vai matar o filme desse jeito*, eu dizia para ele. *O Corpo é uma história atemporal e quero que o espectador capte o período que seu inconsciente achar correto.*

Assim, foi muito divertido brincar com os índices de tempo ao longo de toda a história. Para o local de trabalho do Xavier, encontramos uma farmácia bem antiga em Santana, na zona norte de São Paulo, que ainda tinha as prateleiras e os balcões feitos em madeira. Ainda não haviam substituído por fórmica, como a maioria. A área de manipulação dos remédios, no interior da farmácia, porém, nós construímos em estúdio.

Na viagem de lua-de-mel que o trio faz para o Rio, nosso figurinista Luiz Fernando Pereira ofereceu a Marieta e Cláudia uns maiôs bem retrô, anos 50, daqueles em peça única, cor escura, pernas compridas, toucas. Ao mesmo tempo, por ali passam vários automóveis mais recentes e, no início do filme, os protagonistas assistem a uma sessão de *O Último Tango em Paris*, que já é da década de 70. Ou seja, a gente atira para todos os lados! Eu queria que o espectador pensasse que era um filme de época, e aos poucos fosse caindo em si.

Da mesma maneira, *O Corpo* também não se define geograficamente. É uma história que poderia ocorrer em qualquer lugar, numa cidade grande ou pequena. Quando escolhemos a fachada da casa onde morariam os personagens, pensamos sempre em criar um bairro híbrido, que fosse meio *Bixiga*, de São Paulo, meio Santa Teresa, no Rio. *O Corpo* só ganha algum referencial fixo, no espaço e no tempo, quando eles passam a lua de mel no Rio de Janeiro. No conto, eles iam para o Uruguai. Aliás, o próprio conto talvez se passe no Rio, já que a Clarice escrevia bastante sobre lá. Mas isso não dá para saber

Marieta Severo

com certeza, e minha versão herdou um pouco dessa dúvida.

A cena em que Xavier vai visitar Monique na boate foi concebida, junto com nosso diretor de fotografia, Antonio Meliande, de modo a realçar esse estranhamento. Queria, que ela saltasse aos olhos; que o ambiente fosse logo identificado como distinto do clima mais bucólico e fabuloso do bairro onde ele morava (e onde se passava a maior parte da história). Foi intencional, portanto, aquele passeio do Fagundes pela Rua Nestor Pestana, cheia de neons, com um jeito mais frenético de cidade grande. É também uma cena noturna, enquanto todo o resto do filme é bastante ensolarado. Na trama, nossa referência era até uma casa noturna de verdade, o *Michel Night Club*, onde filmamos.

O interior do *Michel Night Club* é um mundo de citações. Por exemplo: uma das prostitutas ali é a Nega Vilma, com quem havia rodado, dez anos antes, *Marilyn Tupi*. Outra é a Vera Zimmerman. E, em *O Corpo*, ao invés de aparecer de relance, optei por algo ligeiramente diferente: decidi utilizar colegas cineastas como meus alter-egos. Estão ali, se divertindo com as garotas, diretores como Walter Hugo Khouri, Julio Calasso, Guilherme de Almeida Prado e Carlos Reichenbach. Com o Carlão, aliás, eu tenho uma história muito engraçada: nós chegamos a nos conhecer no início da minha adolescência, muito antes de nos envolvermos com cinema. Meu pai havia sido advogado da Dona Lula, mãe dele. Recordo-me até hoje de quando ela ficou viúva e fomos visitá-la, no sítio dela... Eu era mais novo, o Carlão era mais velho, meu pai dizia que ele também adorava cinema... Coincidências da vida. Tempos depois, a gente se reencontrou quando eu comecei a filmar na *Boca*.

Outro diretor que faz uma participação especial é o Daniel Filho. Só que ele surge apenas no final da história, quando o delegado fecha o cerco em torno de Bia e Carmen, e descobre o corpo de Xavier. Ao invés de prendê-las, pede para que fujam para bem longe e ordena que seus homens enterrem novamente o cadáver. Clarice encerra o conto com uma ironia: *Xavier não disse nada. Não havia mesmo mais nada a se dizer.* E a minha tradução visual para estas duas frases é o embarque das esposas numa viagem de avião, onde encontram um potencial novo interesse amoroso, vivido pelo Daniel. É como se, assim, disséssemos: *a vida continua*.

Houve muitos trechos em que tomávamos este tipo de liberdade no roteiro. *O Corpo* realmente começa com Xavier assistindo a uma sessão de *O Último Tango em Paris*, que é um filme que eu adoro, vi em Londres, quando tinha 17 anos. Clarice mais uma vez ironiza, dizendo que ele, *tão ingênuo era*, riu feito uma criança, sem entender que aquilo era uma *tragédia de amor*. Mas a cena seguinte, em que eles esticam o programa dançando tango em um restaurante, foi idéia minha. Cláudia e Fagundes ensaiaram bastante para aquela cena. E acho supereloqüente, como, mesmo sem ter dançado, a Marieta se junta aos dois e agradece aos aplausos dos outros fregueses. Estabelecia rapidamente que ali estava um *casal* que se gostava, que não nutria ciúmes e que sentia orgulho da relação.

Era, afinal, um tema complicado para se abordar, que podia muito facilmente cair num ridículo que nem cômico seria. Xavier era um machista irrecuperável e podia se tornar um personagem de quem o público não gostasse. Bia e Carmen também poderiam perder o afeto do espectador quando tomassem uma atitude tão violenta quanto matá-lo. Por isso, também, elas não o matam logo que descobrem o adultério. Eu deixo a situação virar quase uma briga de chanchada, aquela coisa da mancha de batom, do perfume barato. E aos poucos todos vão definhando: elas param de cozinhar, a geladeira fica vazia, elas passam a fazer o *amor triste*, que é como Bia define o sexo só entre elas... Então, quando

177

Cláudia Jimenez e Fagundes Fagundes

elas finalmente matam Xavier, é quase um ato de carinho, de misericórdia.

O roteiro também tenta mostrar que o machismo não precisa estar, necessariamente, no homem. Foi por isso que criamos a personagem da esposa do delegado, vivida por Maria Alice Vergueiro. No fundo, o delegado da cidade é ela. Ela quem fica palpitando sobre a vida dos vizinhos e dando ordem para que o marido, interpretado por Sérgio Mamberti, faça isso, investigue aquilo, prenda aquele outro. Quando o delegado permite que Bia e Carmen fujam, é ele quem está se libertando do controle do casamento. Ele que está dando seu grito de liberdade.

179

Considero *O Corpo* um filme muito maduro, em vários aspectos. Ele retoma alguns temas que já existiam na minha filmografia, como a necessidade de você expressar sua sexualidade e afetividade mesmo diante do olhar reprovador da sociedade. Mas é menos panfletário e, talvez por isso, mais eficiente. É mais maduro também no desafio de transformar as palavras de Clarice em imagens. O instigante de todo esse projeto era mergulhar, traduzir, repassar... Não era como se bastasse ir numa mesa branca e pedir: *ô Clarice, psicografa aí!*. Era trazer a literatura para a esfera do cinema.

Marieta Severo e Cláudia Jimenez

O último plano do filme tem muito disso. Depois que Bia e Carmen voam para longe com seu possível novo amor, surge, por frações de segundo, entre fumaças, um projetor de cinema, mirando sua luz direto no público. A película termina de correr pela bobina. Foi a minha tentativa de mostrar, com os recursos da linguagem cinematográfica, o ponto final tão definitivo que Clarice coloca no último parágrafo do conto.

Capítulo XXVII

A Via-Crúcis do Corpo

Mal sabia eu que O Corpo estava longe, muito longe de seu ponto final. Suas filmagens duraram cerca de sete semanas, mas a pós-produção foi um inferno a perder de vista. Isso porque, a essa altura, a Embrafilme já tinha sido desmantelada e o governo Collor relutava em cumprir o restante de seus contratos. Havíamos recebido a primeira parte do dinheiro, para rodar o filme, mas a segunda, necessária para editá-lo e lançá-lo, ficou retida. E ainda veio a Zélia e congelou minha poupança.

Foi uma época negra. Terrível. Especialmente porque era para ser um processo de montagem muito rápido, eu já tinha uma estrutura bem organizada para o filme. Eventualmente, conseguimos ir para a mesa de edição, mas essa espera nem se compara à que antecedeu ao lançamento do filme. Basta dizer que a primeira exibição pública de O Corpo foi em 1991, no Festival de Brasília. E a estréia em circuito foi em 1994, três anos depois. Se levarmos em consideração o tempo de preparação, ali estava um filme com seis anos de *atraso*.

E o que me irritava é que o filme demonstrava, logo de cara, enorme potencial.

O Festival de Brasília foi uma festa. *O Corpo* foi aclamado pelo júri e pelo público. Ganhamos o Candango de melhor filme, roteiro, cenografia, montagem (para Danilo Tadeu e Eder Mazzini), música (para Paulo Barnabé) e atriz, que a Cláudia e a Marieta dividiram. A Marieta também concorria por *Se Segura Malandro*, do Hugo Carvana, mas ganhou pelo meu filme. Só o Fagundes não levou o troféu para casa, porque quem venceu a categoria de melhor ator foi o Carvana.

Não teve problema: depois de Brasília, o filme iniciou uma grande peregrinação pelos festivais internacionais e a primeira parada foi em Cartagena, na Colômbia. Foi maravilhoso: concorri com Pedro Almodóvar, um dos diretores que mais admiro e que já era consagrado internacionalmente, com o estouro de *Matador* e *Mulheres à Beira de um Ataque de Nervos*, e ganhei. Ele estava apresentando *De Salto Alto*. Levei os troféus filme, direção e roteiro, e, dessa vez, Fagundes foi eleito melhor ator, enquanto Marieta e Cláudia perderam a categoria de melhor atriz para Victoria Abril, uma das musas do Almodóvar.

Mais convites foram pintando em 1992. Por termos vencido em Cartagena, não pudemos participar da mostra competitiva no Festival de Montreal, no Canadá. Então exibimos *O Corpo* numa mostra paralela, como a *Un Certain Re-*

XXXII FESTIVAL INTERNACIONAL DE CINE DE CARTAGENA
MARZO 6 AL 13 DE 1992 HOTEL CARIBE CARTAGENA COLOMBIA

No Festival de Cartagena 1992

gard, em Cannes. E, durante todo o evento, o *La Presse*, principal jornal da região, trazia na capa do caderno de cultura uma retrospectiva da competição oficial no dia anterior. Para a mostra paralela, reservavam, no máximo, notinhas. Quando chegou a vez de *O Corpo*, houve até duas sessões, e qual não foi minha surpresa quando descobri que o jornal burlou o protocolo: deu ao filme a matéria principal, chamou-o de deliciosa surpresa, estampou uma foto enorme do Fagundes e da Cláudia e grafou na manchete: *Irresistible et delirant!*

E assim, sucessivamente, o filme foi passando por várias mostras e competições do mundo todo.

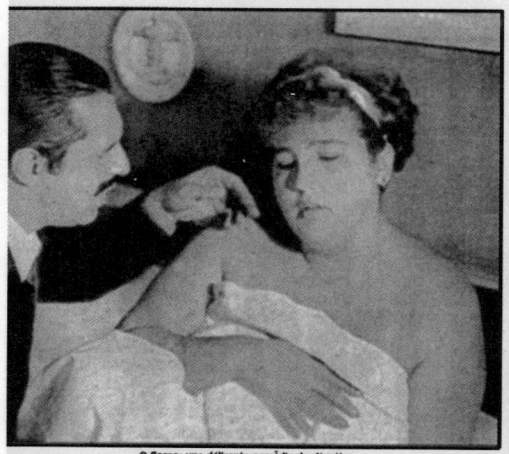

LA PRESSE, MONTRÉAL, SAMEDI 5 SEPTEMBRE 1992

O Corpo
Irrésistible et délirant!

HUGUETTE ROBERGE

■ De tous les films que j'ai vus au FFM jusqu'à présent, *O Corpo* est certainement le plus franchement drôle. Et les occasions de rire en cascades ne sont pas si nombreuses au programme.

Cette décapante et délirante comédie de situation, concoctée par le Brésilien José Antonio Garcia, pivote sur un ménage a trois des plus harmonieux: un super-macho latin, Xavier, et ses deux maîtresses déparaillées, la grosse Beatriz dite Bia, qui aura avoir inventé la poudre, n'a pas sa pareille en cuisine, et la petite Carmen, l'intello et le cerveau du trio, qui écrit son journal.

Xavier (l'ineffable Antonio Fagundes) adore ses deux femmes, qu'au mépris des commères, il amène fièrement à l'église tous les dimanches, et qui s'entendent du reste merveilleusement bien, j'irai jusqu'à dire, mieux ça que encore, ou besoin. Tout est franc et net. Les trois amants rivalisent de gentillesse. Jusqu'au jour maudit où Xavier fait la rencontre de Monique, une prostituée sophistiquée qui le rend fou en lui jetant des injures à la face au meilleur moment, et qu'il se prend dans s'échevau de ses mensonges. Or, s'il est une chose que Bia et Carmen ne supportent pas, c'est bien la trahison!

Vengeance

Gare au traître, donc. Inutile de tenter d'imaginer la vengeance des femmes de Xavier (excellentes Marietta Severo et Claudia Raia!). Sachez seulement que ce ne sera pas du chiqué!

Non, ce n'est pas la matière ni le genre dont on fait les films culte. N'empêche, susciter le rire est un art difficile, qui bat de l'aile au grand écran. Voici qu'un souffle nouveau et chaud, venu du Sud, lui redonne un peu d'allant. Laissez donc tous vos soucis derrière, pour mieux vous laisser surprendre par cette flopée de gags intelligents et pas méchants, première réalisation en solo d'un jeune cinéaste brésilien, José Antonio Garcia, fort de l'expérience antérieure de plusieurs coréalisations.

Bref, *O Corpo* propose une expérience de l'humour à la brésilienne, sur des airs de tangos argentins, qui vaut le détour par Montréal!

O Corpo: une délirante comédie de situation concoctée par le jeune cinéaste brésilien José Antonio Garcia.

Jornal canadense

Latin-American Film Festival em Londres, na Inglaterra; Biarritz, na França; Huelva, na Espanha; San Francisco, Chicago e Washington, nos EUA... Nosso sucesso rendia notícias nos jornais brasileiros, gerando uma ótima divulgação, mas nada do filme conseguir aproveitar a onda e estrear por aqui. *O Corpo* estava se tornando um filme querido pela crítica mas inédito para o público.

O problema não era apenas a falta de dinheiro, mas também a falta de circuito. Não havia salas para o cinema nacional. E o que havia de espaço para o cinema alternativo era realmente dedicado para um cinema bem alternativo. Não era o meu caso. Aníbal Massaini, que, com o fim da Embrafilme, havia recebido o controle sobre a distribuição de *O Corpo*, ainda achava que ele podia ser mais *popular*: bastava que eu acrescentasse mais cenas de sexo, para atiçar o público. E isso, eu não queria fazer. Discutimos muito. *O Corpo* é bastante discreto nesse quesito, e não foi por qualquer indício de autocensura, não. Eu simplesmente não explorei o sexo de Xavier, Bia e Carmen porque não condizia com o tom que eu queria – aquele dos filmes italianos dos anos 60, safados mas ao mesmo tempo inocentes. Assim era o relacionamento entre eles. E daí o contraste quando Xavier procura Monique: ali, o sexo é mais expressivo, estilizado, quase uma fantasia do personagem.

Embora me deixasse angustiado, Aníbal continuou utilizando seu poder como produtor para segurar a distribuição. O problema é que, quando finalmente entrou em cartaz, *O Corpo* era um filme deslocado no tempo. Desperdiçara todo o impulso que a vitória nos festivais poderia provocar. Ainda assim, o público reagiu positivamente, dentro das possibilidades daquela época. A crítica, como era de se esperar, continuou elogiando o resultado final.

Nenhum elogio, contudo, foi mais valioso do que aqueles que recebi da família de Clarice. O próprio Paulo, que havia me vendido os direitos de adaptação cheio de temores, veio me congratular entusiasmado. *Que trabalho maravilhoso você fez!*, me disse. Desde então, mantive uma boa relação com vários membros da família Lispector. Mesmo recentemente, no lançamento da edição dos Cadernos de Literatura do Instituto Moreira Salles, do qual Clarice foi tema, *O Corpo* ainda rendeu altos papos. *Nossa, que filme! Que tradução! A Clarice ia ficar muito feliz*, elogiou Tânia, irmã dela. Eu fiquei muito lisonjeado. *Você tem que filmar mais material dela!*, ela sugeriu.

Esse era exatamente meu plano.

Carla Camurati

Sérgio Mamberti Marieta Severo, Cláudia Jimenes e Ricardo Pettine

Capítulo XXVIII

Clarice na TV

Não imaginava que demoraria tanto até que eu firmasse meus pés novamente. Mas a maior parte dos anos 90 foi bastante complicada para mim – o atraso no lançamento de *O Corpo* serviu como indicação do que viria a seguir. Eu, que havia iniciado carreira no ano em que mais se produziu filmes no país, testemunhei o quase total desaparecimento da cinematografia nacional. Mantinha meu plano de levar *Ele Me Bebeu* às telas, mas as condições eram cada vez mais complicadas. Restava-me estudar ainda mais o conto e ir melhorando gradativamente o roteiro.

Durante um longo período, meu sustento adveio da Contato Produções, que eu havia criado muito antes de *O Corpo*, com meu colega Alexandre Oliveira. Ele era fotógrafo, e eu cineasta e, juntos, realizávamos trabalhos audiovisuais institucionais para empresas privadas. Mantivemos a parceria até 1995, quando, então, fechei a Contato. Continuei trabalhando com institucionais como *freelance*, mas a saudade de mexer com cinema de verdade batia forte no peito.

Posso ter-me afastado da sétima arte, mas tive a oportunidade de continuar e burilar a minha outra paixão, pela Clarice Lispector. Mais ou menos em 1997, o diretor Roberto Talma e eu unimos forças para dar início a um projeto que levaria os contos de Clarice à televisão, em pequenos capítulos de cerca de 30 minutos. Talma havia se afastado da Rede Globo e, por intermédio de sua produtora independente, a 17 Produções, venderíamos a minissérie para a TV Cultura. Nós a batizamos como *Uma Mulher do Mundo*. Trabalhei na roteirização dos quatro primeiros episódios e dirigi dois: *A Solução* e *Mas Vai Chover!* Os outros dois, *Por Causa de um Bule de Bico Rachado* e *História Interrompida*, ficaram a cargo dele.

Mas Vai Chover!, também extraído de *A Via-Crúcis do Corpo*, teve Ester Góes e Fernando Alves Pinto nos papéis principais. É a história de Maria Angélica, uma viúva abastada que se envolve com Alexandre, um entregador de farmácia, muito mais novo que ela, interessado apenas em seu dinheiro. As exigências do amante vão aumentando, aumentando, até que ela se descobre sem dinheiro suficiente para agradá-lo. Ele sai nervoso, humilhando-a, batendo a porta, e à mulher, se sentindo como uma ferida aberta de guerra, não resta muito a não ser se conformar e pensar: *Parece que vai chover*.

Já *A Solução* foi publicado pela primeira vez em *A Legião Estrangeira*, de 1964, e é o único dos 13 contos deste livro que não retornou em *Felicidade Clandestina*, de 1971. A adaptação me permitiu voltar a trabalhar com Cida Moreyra e Vera Zimmerman, duas amigas que nunca haviam protagonizado algum projeto meu. É a história de duas datilógrafas, Alice e Almira, que trabalham num mesmo escritório. Alice é uma mulher bonita, vistosa, enquanto Almira está um pouco acima do peso, mas tem bom coração. Almira venera Alice, que não lhe dá muita atenção. Essa relação de indiferença vai aumentando ainda mais o interesse de Almira, que finalmente interpela a colega quando ela chega ao escritório com os olhos vermelhos de tanto chorar. Alice sofrera uma desilusão amorosa e reage drasticamente, ofendendo Almira e dizendo que o assunto não é de seu interesse. Transtornada pela revelação de desprezo, Almira enfia um garfo na garganta de Alice, vai presa em flagrante mas, dentro da prisão, finalmente descobre seu verdadeiro lugar, entretendo as outras detentas lendo fotonovela e dançando o passo do elefantinho, ganhando de recompensa bombons de chocolate.

Por uma série de motivos, incluindo aí a volta de Roberto Talma à Globo, *Uma Mulher do Mundo* nunca foi além desses quatro primeiros capítulos exibidos pela TV Cultura. É uma pena. Esse tipo de iniciativa, absolutamente independente e alternativo, é o único que desperta meu interesse em trabalhar com TV. Nunca cogitei, por exemplo, dirigir uma telenovela, porque acho que teria muitas restrições, muitas pressões. Prefiro um processo mais livre, autônomo, como o do cinema.

Depois de *Uma Mulher do Mundo*, pretendia (e ainda pretendo) continuar a trabalhar com Clarice adaptando *Ele me Bebeu*, mas a vida, aos poucos, foi me levando rumo a outro filme: *Minha Vida em Suas Mãos*. Era um sonho que a atriz Maria Zilda Bethlem acalentava há muitos anos e que foi gradualmente me absorvendo, pela minha ânsia de voltar a fazer cinema. Além do Talma, que foi ex-marido dela, tínhamos vários amigos em comum, como a própria autora do roteiro, Yoya Wursch. Num filme que fala de destino, foi assim que o meu e da Maria Zilda foram cruzados.

Capítulo XXIX

O Destino Arromba sua Porta

Maria Zilda teve contato com o roteiro de Yoya e de sua parceira, Ilma Fontes, muitos anos antes, em 1981. A história, segundo a dupla, era inspirada no caso real de uma amiga delas. De cara, Maria Zilda se apaixonou e decidiu que queria produzi-la, para interpretar a protagonista, Júlia. No entanto, uma série de obstáculos surgiu em seu caminho: uma hora lhe faltava tempo, por causa dos trabalhos na TV e no teatro, outra hora não havia recursos e teve até o período em que sequer existia o cinema, na desértica era pós-Collor. Nesses 18 anos, Maria Zilda teve chance de maturar o projeto até finalmente ter certeza de que estava pronta para fazê-lo.

Foi aí que eu entrei. A gente se conhecia de vista, de *oba-oba*, se cumprimentava em alguns eventos. Então ela começou a vir bastante para São Paulo, fomos nos aproximando e, em 1998, finalmente perguntou se eu estaria interessado em dirigir *Minha Vida em Suas Mãos*. Ela planejava fazê-lo com o Talma, mas acabaram se separando. Conferi o roteiro e me senti imediatamente atraído pela história. É interessante notar como, apesar do atraso de quase duas décadas, ele não datou: as circunstâncias sociais e econômicas que o motivam não mudaram nadinha desde 1981 – desemprego, recessão, insegurança... Agradava-me, também, a possibilidade de tentar algo inédito: levar às telas um *script* que outra pessoa havia criado. Sempre tive curiosidade e vontade de lidar com material alheio, mas isso nunca aconteceu porque sempre escrevi bastante.

Outros elementos se alinharam para que eu me jogasse de cabeça nessa nova empreitada. Primeiro, o meu desejo louco de voltar a fazer cinema. Já se passavam quase dez anos desde que havia estado no *set* de *O Corpo*. Segundo, eu já tinha trabalhado com a Yoya e sabia que ela era muito competente. Terceiro, a impossibilidade imediata de dar continuidade à preparação de *Ele Me Bebeu*: Carla começara a se envolver com seu terceiro longa-metragem, *Copacabana*, protagonizado pelo Marco Nanini. Foi bem paralelo mesmo: eu lembro que ela começou a rodar o filme no dia seguinte ao encerramento das filmagens do meu.

Minha Vida em Suas Mãos aborda o encontro inusitado, em situações extremas, de dois solitários: Júlia, uma professora universitária carente, e Antônio, um cara da classe média, bem estudado, isolado no Rio de Janeiro, que se descobre demitido de um emprego sem perspectivas do qual nunca havia gostado. Levado pelas circunstâncias, Antônio se torna assaltante e, ao tomar Júlia como refém, compartilha com ela uma tórrida noite de amor. As conseqüências deste caso viram a cabeça de Júlia, ao mesmo tempo repelida e atraída por este amor dionisíaco. Ela precisa tomar uma difícil decisão: ajudar ou não a polícia a localizá-lo e prendê-lo. A história me lembrava vários filmes que eu adorava, como *O Porteiro da Noite* e *Traídos pelo Desejo*.

Quando entrei em cena, o projeto já tinha passado por toda a fase de captação de recursos pelas leis de incentivo cultural que haviam resgatado o cinema nacional. Restavam agora os detalhes da pré-produção: selecionar os atores, encontrar locações, formular a equipe, dar um último tratamento no roteiro. Como *Minha Vida em Suas Mãos* seria rodado no Rio de Janeiro e eu já tinha vontade de morar lá, não tive dúvidas: em janeiro de 1999, me mudei para a Baía de Guanabara. Agora era um solitário numa nova cidade, assim como meus personagens.

Bom, não exatamente como meus personagens, porque sempre mantive bons laços com o Rio de Janeiro. Já tinha grandes amigos por lá, vivia na ponte aérea, conhecia bem a cidade e, principalmente, adorava o espírito carioca. O Rio tem um lado que me encanta, do samba, da praia, da natureza... Talvez a cultura carioca me pareça um pouco mais *pura* do que a de São Paulo, no sentido de que não é tão cosmopolita. Mas eu adoro Sampa também, claro. De certa forma, estava completando uma transição: rodei dois filmes só em São Paulo, sobre São Paulo; aí o *Estrela Nua* tinha cenas em São Paulo se passando pelo Rio; e *O Corpo* tinha algumas poucas cenas rodadas em locação no Rio. Agora meu próximo filme seria inteiro na Cidade Maravilhosa.

Com Maria Zilda Bethlem

Capítulo XXX

Outra Cidade, Outra Década, Outro Cinema

Maria Zilda e eu nos tornamos grandes cúmplices durante a preparação de *Minha Vida em Suas Mãos*. Fazíamos a pré-produção na casa dela, regada a petiscos e papos. Um dos nossos principais temas, claro, era a escolha do elenco. Alguns dos atores, fui eu quem trouxe, como, por exemplo, a Cristina Aché, escalada para interpretar a melhor amiga de Júlia; Ricardo Petraglia, que faz o detetive da polícia; e a Imara Reis, minha colega naquela casa junto com a Tânia, há muitos anos, mas com quem jamais havia trabalhado. Ela interpreta uma florista tragada no jogo de sedução e ameaças do casal principal.

Nossa idéia era encher o filme de participações especiais em pequenos papéis e, para isso, a agenda de telefones da Maria foi de grande valia. Ney Latorraca dá um *show* de humor como o analista que bebe durante as sessões de Júlia; Stepan Nercessian e Cláudia Mauro são outro casal envolvido num crime passional; Roberto Bonfim faz nosso delegado; e outros tantos colegas se tornam *vítimas* do assaltante Antônio: Cissa Guimarães, Paulo César Grande, Cláudio Correia e Castro e

Cláudio Mamberti. Aliás, adorei quando a Maria Zilda chamou este último – eu brincava que, depois de dirigir Sérgio e sua mãe em *O Olho Mágico do Amor*, agora estava *completando a família*.

O papel mais importante, porém, continuava vago: o de Antônio. O *slogan* de *Minha Vida em Suas Mãos* afirmava que, *se você não acredita em destino, sua dúvida termina aqui*. E, da mesma maneira que o destino colocou Antônio no caminho de Júlia, também inexplicavelmente Caco Ciocler surgiu na vida de Maria Zilda. Diz ela que, certa noite, simplesmente sonhou com um nome: Caco. E, em meio à pré-produção, ficou com aquela premonição ecoando na cabeça. *Conhece algum Caco?*, perguntava a todos. A única referência que tínhamos era um certo Caco Ciocler, que estava começando a fazer sucesso em *A Muralha*, da Rede Globo.

Entramos em contato, ele veio fazer uma leitura e passou no teste mais importante: para este tipo de filme, era essencial que eu captasse uma certa pele, uma química entre ele e Maria Zilda. Disseram-nos, contudo, que o itinerário das gravações da minissérie conflitaria com o de *Minha Vida em Suas Mãos*. No final, por algum acaso ou outro (não lembro se nós atrasamos ou se eles se adiantaram), o Caco foi liberado e se tornou nosso Antônio.

Ney Latorraca

Maria Zilda Bethlem e Caco Ciocler

A equipe também foi sendo montada por indicações minhas e da Maria Zilda. Para não encarecer o filme, tínhamos de chamar profissionais locais. Alguns, eu já conhecia, como o diretor de fotografia José Tadeu Ribeiro, que havia trabalhado na produtora que fizera *O Corpo*. Outros foram sugeridos por colegas, como nosso cenógrafo Henrique Mourthé. Maria já estava familiarizada com o figurino de Karla Monteiro e eu recebi, da Carla Camurati, boas recomendações a respeito da Patrícia Alencastro, que se tornou nossa continuísta. João Paulo de Carvalho foi nosso editor.

Maria Zilda cuidou da seleção das músicas incidentais e ofereceu ao nosso compositor, David Tygel, *Todo Sentimento*, de Chico Buarque, como matriz para a trilha instrumental. A canção, belíssima, virou o tema de Julia e Antônio: *Pretendo descobrir / No último momento / Um tempo que refaz o que desfez / Que recolhe todo o sentimento / E bota no corpo uma outra vez.* Na última cena, há uma versão em que o vocal é feito pela própria Maria Zilda. Aliás, minha voz também está no filme: eu faço o Miguel, ex-marido de Julia que deixa recados inoportunos na secretária eletrônica dela pedindo para voltar.

Foi muito fácil trabalhar com todos esses parceiros, mas mesmo assim passei por um período de estranhamento. Havia um intervalo de uma década entre *O Corpo* e *Minha Vida em Suas Mãos*. Foram dez anos nos quais tudo mudou muito rapidamente – depois de quase desaparecer, o cinema brasileiro retornou com um outro modo de ser feito. Eu ficava chocado como a equipe havia *inchado*. O diretor de fotografia tinha sua própria turma de apoio, enorme. O diretor de arte, idem. O aparato tecnológico também cresceu bastante: imagina, antes o parque de luz era minúsculo e as gruas eram artesanais!

Antigamente, o diretor de fotografia era quem operava a câmera e havia no máximo um único assistente. O som era colocado depois, portanto não havia toda a equipe de áudio. De certa maneira, era um cinema mais familiar, mais íntimo, no qual você conhecia todo mundo e do qual às vezes sinto falta. Mas não sou nem um pouco saudosista. Não dá nem para comparar a qualidade técnica dos filmes de hoje e os do meu passado. Nesse sentido, *Minha Vida em Suas Mãos* é meu longa-metragem mais sofisticado. Além disso, é emocionante ver tanta gente trabalhando exclusivamente para concretizar a sua visão a respeito do filme. Quanto mais pessoas, mais maestro você se sente!

Equipe do filme

A busca por uma qualidade superior também nos permitiu ter um pouco mais de folga no consumo de película. Enquanto meus trabalhos anteriores foram rodados na proporção de 3 para 1, *Minha Vida em Suas Mãos* teve média de cinco tomadas para cada cena. É uma liberdade muito maior na hora de editar.

Na evolução da minha carreira, esta também era a primeira vez que minha verba advinha de uma lei de incentivo cultural. Nem por isso a grana sobrou: tivemos de rodar o filme em cinco semanas, em janeiro e fevereiro de 2000, num calendário apertadíssimo. O roteiro implicava, afinal, requintes de superprodução: havia trechos com revólveres, tiros, sangue, carros, perseguições, engavetamentos, helicópteros – todos eles, elementos que requerem uma enorme quantidade de pessoas para que a cena possa dar certo. E, nos momentos que não havia nada disso, tínhamos uma intensa história de amor que precisava extravasar com credibilidade na relação de Caco Ciocler e Maria Zilda. E uma cena a dois, num ambiente fechado, você e os atores, pode exigir tanta ou mais concentração do que um grande instante de ação.

Minha Vida em Suas Mãos também batia o recorde de locações e cenários de todos os meus filmes. O apartamento da Júlia, o apartamento do Antônio, o apartamento de Ana, a casa da mãe da Julia, o consultório do analista, a delegacia, a prisão, a banca da florista, a universidade, o cativeiro no final, os assaltos em plena rua... Desde que mudei para o Rio, eu e Maria Zilda, ou eu e meu assistente de direção, rodávamos a cidade em busca dos locais ideais. Foi assim que chegamos na Universidade Veiga de Almeida (depois de tentar filmar na PUC) e no restaurante que Antônio ataca (situado na Barra da Tijuca mas que, na verdade, se passava por outro, em Ipanema).

Com tempo curto e dinheiro restrito, o estresse era inevitável. Foi um filme que eu tive de decupar mentalmente ainda melhor do que todos os outros, porque não havia espaço para falhas ou tempo para refilmagens. Mas quem mais sofria era mesmo Maria Zilda, que acumulava o cargo de produtora. Ela trabalhava 24 horas sem parar e isso, às vezes, acabava afetando seu rendimento em cena. Sobretudo, depois de 18 anos preparando esse projeto, era natural que se tornasse um pouco protetora e centralizadora demais. Foi um filme desgastante de se fazer, mas acho que o resultado valeu a pena.

Minha única frustração é o clímax da história. Depois de muitas reviravoltas, Júlia finalmente localiza Antônio, mas é rendida e presa em um cativeiro. A polícia seguiu seu rastro e cercou a

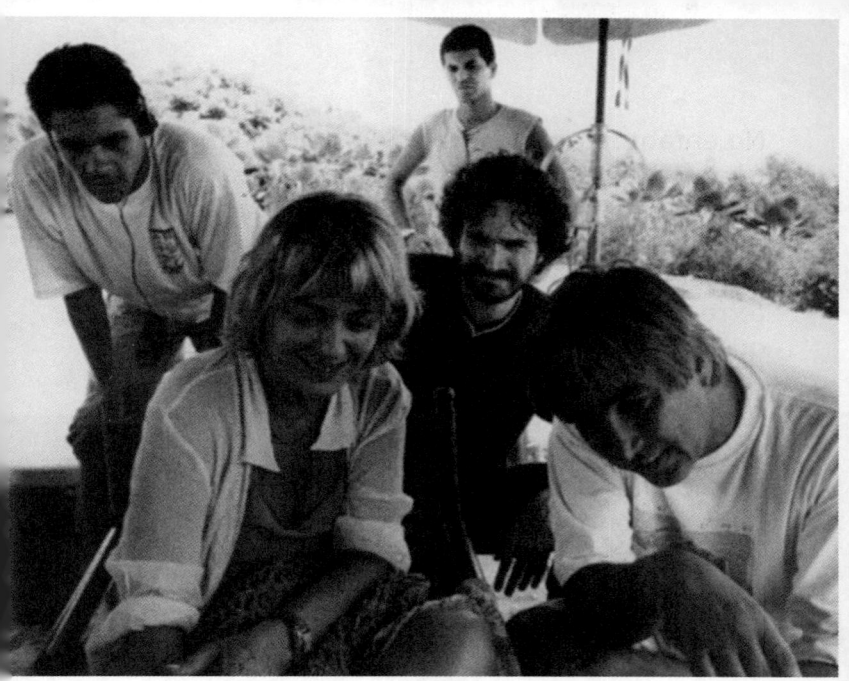

José Antonio, Maria Zilda Bethlem e Caco Ciocler

área. Em meio à tensão, os verdadeiros sentimentos do casal afloram e eles conseguem escapar de helicóptero. Eu achava legal isso no roteiro, eles fugirem para um destino incerto. Queria que o filme terminasse lançando-os, enfim, para a vida, para a aventura. Não queria um desfecho *Bonnie & Clyde – Uma Rajada de Balas*. Preferia *Os Implacáveis*: os protagonistas escapando ao cruzar a fronteira do México (há uma cena em que a mãe de Júlia até fala que, do jeito que a situação está, a única solução é fugir do país).

No entanto, acho que faltou um pouco mais de tempo e de dinheiro para rodarmos a conclusão da maneira correta. O galpão de jardinagem que serve como *cativeiro* foi construído pela equipe do Henrique Mourthé da noite para o dia, em um terreno em Vargem Grande, com umas madeiras que tínhamos. O resultado é muito frágil – já recebi muitas críticas dizendo que a polícia jamais se comportaria do modo como está retratado no filme. Ela iria invadir logo o barracão, que não oferecia muita resistência. Tentei contornar esta falha concentrando o olhar da câmera sob os atores, o clima da reconciliação. Caco e Maria Zilda seguram bem. Além disso, para acentuar a tensão, acho que precisávamos de mais gente ali, uma multidão maior que aos poucos vai se rendendo e apoiando o amor bandido dos protagonistas.

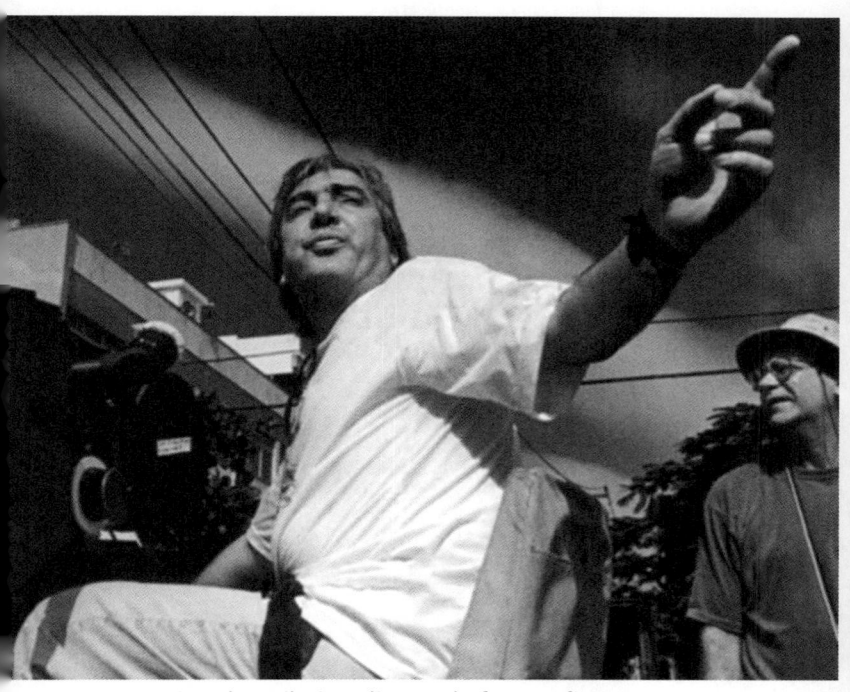
Com José Tadeu Ribeiro, diretor de fotografia

Capítulo XXXI

Sui Generis

É interessante a crítica de que o retrato da ação da polícia em *Minha Vida em Suas Mãos* não está fidedigno. Este filme lida com uma série de questões inéditas na minha carreira. A violência, por exemplo, tem um papel mais predominante. Da mesma maneira que *Minha Vida em Suas Mãos* é um drama pessoal acerca da personagem da Maria Zilda, é também um drama social, quando aborda Antônio, um personagem da classe média empurrado ao limite por uma situação de caos e desrespeito.

Falar de violência em uma trama ambientada no Rio de Janeiro é uma tarefa espinhosa. Não tínhamos nenhuma intenção de abordar os problemas de criminalidade que atualmente afetam a vida dos cariocas. Não se trata de um longa-metragem a respeito da cidade do Rio de Janeiro, mas de qualquer cidade grande. Poderia se desenrolar em qualquer metrópole de um país subdesenvolvido: São Paulo, Caracas, Cidade do México, Bogotá, Brasília. Todo centro urbano tem o seu grau de violência e, mais importante ainda, tem a natural individualização da vida cotidiana, na qual aos poucos vamos nos colocando à parte de todos os outros. Julia é um caso extremo, mas Antônio também sabe muito bem o que é solidão.

Tudo isso, nós tentamos colocar de maneira sutil em seu personagem. Em uma de suas falas, por exemplo, Antônio inclui a expressão *cidade grande*, que denota que ele não era do Rio de Janeiro e que, por mais que vivesse ali há algum tempo, ainda não considerava a cidade seu verdadeiro lar. Também foi proposital não fazermos referência a pai, mãe ou amigo do personagem. Não queríamos que o público notasse uma opção de apoio a Antônio. Era preciso deixar claro que ele estava no limite, desesperado, sem saída. Julia, igualmente, tem seus sinais: Henrique decorou seu apartamento em estúdio usando uma paleta de cores claras e pouco contrastantes, que mostravam como a vida dela era bem pensada, mas entediante.

Julia talvez possa parecer um pouco diferente das minhas outras personagens femininas, geralmente mais seguras e confortáveis na posição em que estão, como as esposas de Xavier em *O Corpo* ou as jogadoras de futebol em *Onda Nova*. Mas acho que há uma inversão de papéis em *Minha Vida em Suas Mãos*: o espírito feminino está em Antônio. Ele é como Carla Camurati ao longo de *O Olho Mágico do Amor*: uma pessoa bem-intencionada, educada, tentando descobrir seu lugar na vida, mas que, diante de uma circunstância difícil, toma uma atitude extrema, livrando-se da moral apequenada da classe média. Julia tem alguns traços masculinos: é forte, independente, bem-sucedida em sua própria carreira.

Em *Minha Vida em Suas Mãos*, o sexo também é abordado de um modo diferente do que em meus outros filmes. Embora permanecesse essencial, como maneira de Antônio e Julia extravasar a atração e a carência que sentiam, os tempos eram outros. A exigência da produção era outra. Minha visão era outra. Queria fechar os planos em detalhes dos corpos e, principalmente, dos rostos, porque é assim que você sente a outra pessoa no momento da entrega. Ela está ali, cara a cara com você. Dá a sensação de imediatismo, de desejo incontrolável e de alívio da solidão.

O roteiro de Yoya e Ilma continha certas referências ao cinema que casavam com a tradição de meus filmes anteriores. Depois de passarem a noite juntos, Antônio se dá conta de que ainda não sabe o nome de sua refém. Ela se apresenta como Sharon Stone ou Kathleen Turner, duas loiras geladas célebres por seus *thrillers* eróticos. Ele responde à altura: diz que se chama Richard Gere ou Harrison Ford. E ela corta o papo: *está na hora de acabarmos com este filme.*

Mixando o filme no México

Em outro momento, a florista vivida por Imara Reis passa a desconfiar do excesso de margaridas que Antônio está comprando e pergunta se ele faz parte da produção de um comercial ou de um filme. *São para um filme*, ele responde. *Um filme de terror e amor*. Por fim, a cena em que Caco Ciocler treina suas técnicas de assalto com um revólver diante do espelho remete vagamente a *Taxi Driver*.

Minha Vida em Suas Mãos estreou no Festival de Brasília, de onde eu ainda guardava boas recordações desde a aclamação inicial de *O Corpo*. Em 2000, a premiação consagrou *Bicho de Sete Cabeças*, da Laís Bodanzky, que me lembrava meu curta *Loucura*, embora com uma abordagem totalmente diferente da temática. Ainda que tenhamos recebido o prêmio de melhor atriz coadjuvante, para Imara Reis, as críticas a *Minha Vida em Suas Mãos* não foram solidárias. Acho até que exageraram um pouco. Alguns meses depois, o filme entrou em circuito, também sem muito sucesso. Sua estratégia de lançamento foi equivocada. Colocaram-no em multiplex de *shoppings*, quando, na verdade, o cinema brasileiro ainda precisa, primeiro, passar no circuito de arte para mobilizar, antes de tudo, os formadores de opinião.

Capítulo XXXII

Seguindo Adiante

Com o fim dos trabalhos em torno de *Minha Vida em Suas Mãos*, retornei aos planos de adaptar *Ele Me Bebeu*. Permaneci no Rio de Janeiro, já que o filme se passa lá, e continuei um refém da ponte aérea durante vários anos, inclusive no preparo desta biografia. Há pouco tempo, porém, voltei a morar em São Paulo, em um novo apartamento. Mas isso não importa, porque continuo me considerando um cidadão de ambas as capitais. Já tenho várias viagens ao Rio planejadas, porque é lá que acontecerá meu novo trabalho, desta vez no teatro.

Em meados da década de 90, organizei, para um evento de textos curtos no Sesc, uma única sessão da peça *A Pecadora Queimada*, a única escrita por Clarice Lispector em toda sua carreira. Foi uma oportunidade interessante, ao lado de bons atores como Sérgio Mamberti, Jandir Ferrari e Leopoldo Pacheco. Agora, uma sobrinha de Clarice, Nicole Algranti, produtora, curta-metragista e fã de *O Corpo*, propôs produzir uma nova versão, mas desta vez para entrar em cartaz regularmente.

Tem sido uma empreitada bastante complexa. *A Pecadora Queimada e os Anjos Harmoniosos*

Capa do programa

faz parte da seção *Fundo de Gaveta* presente em *A Legião Estrangeira*. É um compilado de pequenos textos, rascunhos, idéias. Originalmente, a peça não dura mais que 24 minutos. A trama é quase como um teatro grego, mostrando a condenação de uma mulher à morte na fogueira por adultério. Enquanto o marido conta a descoberta da traição, o amante revela sua paixão e o sacerdote incita o povo na execução pública. Anjos narram a tragédia e, conforme a protagonista é incendiada, vão reencarnando como humanos, na figura de uma criança. Foi algo que Clarice escreveu durante a gestação de um dos filhos.

217

Como levantar a produção de um projeto tão caro e com duração original de menos de meia hora? Uma idéia foi se solidificando na minha mente. Minha solução foi convocar a própria Clarice ao palco, como personagem. Meio que num monólogo, Clarice surge compondo seus vários textos de fundo de gaveta, que são encenados brevemente. Nos momentos finais, ela protagoniza *A Pecadora Queimada* e os *Anjos Harmoniosos*. O papel de Clarice deve pertencer a Louise Cardoso, que está bastante interessada na peça. Estamos com as negociações de captação de verba bem encaminhadas e devemos estrear no final de 2005.

FOTO: ALEXANDRE DE OLIVEIRA

A Pecadora Queimada e os Anjos Harmoniosos

"Busco, apaixonado, no fundo de minha gaveta, uma relíquia e, certamente encontro, o único texto para teatro de minha escritora mais querida."

(José Antonio Garcia)

Programa

FOTO: ALEXANDRE DE OLIVEIRA

O espetáculo começa numa igreja, palco do sacerdote e da moral cristã.

A grandiosidade e a ostentação do clero, assim como dos guardas - defensores dessa instituição - se contrapõe aos demais participantes, todos maltrapilhos, retrato de um povo oprimido.

Com a entrada da pecadora, do amante, do esposo e do povo, o espaço cênico é tomado, com o público integrando esta praça. A única forma irreal desta tragédia são os anjos invisíveis, que percorrem todo o espaço cênico até que, ao nascerem, se misturam ao povo/platéia.

A pecadora permanece em silêncio durante todo o julgamento, só se ouvindo seus gritos orgásticos de morte, ao ser queimada.

Na porta da igreja, o último personagem do povo ao se retirar diz: *"Perdoai-os, eles acreditam na fatalidade e por isso são fatais"*.

Clarice Lispector escreveu romances, crônicas, contos e literatura infantil, tendo sido várias vezes premiada.

Introduziu em nossa literatura novas técnicas de expressão - sua narrativa subverte, com freqüência a estrutura dos gêneros tradicionais, quebrando a seqüência "começo, meio e fim".

"A Pecadora Queimada e os Anjos Harmoniosos" foi seu único texto para teatro, escrito enquanto esperava seu primeiro filho.

FICHA TÉCNICA

Grupo Cia. São Paulo - Brasil
Montagem: **A Pecadora Queimada e os Anjos Harmoniosos**
Diretor: **José Antonio Garcia**
Autora: **Clarice Lispector**
Atores-Personagens:
Pecadora - **Sofia Papo**
Esposo - **Attilio Cezar Prade**
Amante - **Jandir Ferrari**
Sacerdote - **Sérgio Mamberti**
Anjo I - **Agnes Zuliani**
Anjo II - **Bel Gomes**
Anjo III - **Lígia Lemos**
Guarda I - **Alexandre de Oliveira**
Guarda II - **Leopoldo Pacheco**
Criança com Sono - **Iara Jamra**
Mulher do Povo - **Sandra Guimarães**
Povo - 30 Figurantes
Cenário: **Felippe Crescenti**
Figurino: **Luis Rossi e Fábio Brando**
Iluminação: **Césio Lima**
Sonoplastia: **Paulo Barnabé**
Maquilagem: **Fábio Namatame**
Adereços: **Luiz Rossi**
Contra-Regra: **Dudu Santos**
Cenografia: **Felippe Crescenti**
Execução de Cenário: **Equipe de Felippe Crescenti**
Preparação de Ator: **José Antonio Garcia**
Expressão Corporal: **Cida Almeida**
Produção: **Cia. SP - Brasil**
Administração: **Guga Pacheco**

Ele Me Bebeu também está na fase de captação de recursos, pela Dezenove Produções. Carla está confirmada no papel de Aurélia. Entre as participações especiais, Caco Ciocler, Guilherme Leme, Betty Faria, Elza Soares e Marieta Severo. Yoya Wursch, roteirista do filme da Maria Zilda, está novamente comigo. Espero poder concretizar este sonho em breve, a despeito de todas as dificuldades que ainda temos para realizar cinema no Brasil. Só de lidar com as leis de incentivo cultural pela primeira vez (em *Minha Vida em Suas Mãos*, Maria Zilda havia resolvido essa parte antes de eu chegar), já tenho as evidências de que as circunstâncias do cinema nacional hoje são bem diferentes daquelas em que eu comecei.

Naquela época, a própria bilheteria dos cinemas pagava a realização dos filmes. Hoje, a principal fonte de rendas é a venda de seus direitos para a exibição na televisão e para os lançamentos em DVD. No finalzinho de 2003, tive a imensa alegria de ver meus primeiros filmes ganhar uma nova vida nesse formato. Um distribuidor especializado em resgatar o legado da *Boca-do-Lixo* entrou em contato comigo e com o Kiko e propôs criar um box com *O Olho Mágico do Amor*, *Onda Nova* e *Estrela Nua*. Aceitamos parcialmente o acordo: como *O Olho Mágico* é bastante reconhecido e querido, estamos aguardando uma oportunidade mais propícia para lançá-lo.

Apesar de não mais depender tanto da venda dos ingressos, os filmes brasileiros contam com o apoio do público. Mas nossa fatia do mercado, atualmente, é irrisória, pressionada pela hegemonia das grandes distribuidoras estrangeiras. E falo com conhecimento de causa, porque fui presidente da Apaci, a Associação Paulista de Cineastas, por dois biênios no final dos anos 90. Sei bem como é o panorama, absolutamente desfavorável à nossa produção. Estamos encurralados pela concorrência norte-americana, cujo padrão de qualidade instituiu uma relação nefasta com os espectadores: cobram da gente o mesmo apuro técnico do material estrangeiro (e estão mais do que certos), mas nós não temos o mesmo respaldo do governo ou do mercado para nos sustentarmos. Estamos agindo numa via de mão única. Nossa maior riqueza é nossa inventividade.

O investidor particular está impossibilitado de aplicar dinheiro num filme com a expectativa de rever esse investimento. As leis de incentivo cultural, criticadas por tantas pessoas, são nosso único recurso e precisam perdurar até que esse quadro se reverta. Enquanto não houver, por exemplo, um sistema de taxação sobre os filmes

Como presidente da APACI, com o Presidente FHC,
Festival de Brasília, 1995

estrangeiros, como existe muito bem na França, jamais teremos chances de brigar de igual para igual e de nos consolidar mais uma vez como uma opção legal de cultura, arte e diversão para o brasileiro.

Olha só: não tenho nada contra filmes estrangeiros. Imagina. Continuo um rato de cinema e não julgo um filme pela procedência. Não acho que Hollywood, por exemplo, só produza porcarias. O que mais tem me encantado nesses últimos anos e me dado esperança de que a mentalidade do público está mais aberta é que o circuito de cinema retomou uma vocação para a pluralidade que é natural à arte. Hoje a gente tem a chance de ver muita coisa boa que está sendo realizada em toda a América Latina, principalmente no México e na Argentina. Têm entrado em cartaz ótimos filmes espanhóis de uma geração pós-Almodóvar. Há também muitas novidades japonesas e a China tem vindo com toda a força. E os cinemas alemão, francês e italiano continuam sendo prestigiados, como sempre. Isso é maravilhoso!

Claro que esse ainda é um atributo restrito às grandes capitais, como Rio de Janeiro e São Paulo. Mas, há pouco tempo, nem as principais metrópoles tinham esse interesse. Hoje é bom rever, por exemplo, o Cine Belas Artes reformado. Eu

Com Marieta Severo, em Paris, retrospectiva de Cinema Brasileiro, 2003

me lembro até de quando ele ainda se chamava Cine Trianon, antes do alongamento da Rua da Consolação. Onde atualmente existe a faixa no sentido centro-Paulista, antes havia apenas um grande estacionamento. Quando dividiram o Belas Artes em duas salas, eu também estava lá, na estréia. Quando meu avô morreu, foi para lá que eu e meu primo Alfredo fugimos, pouco depois do enterro, cheios de remorso, mas loucos para assistir a *If* (a outra sala passava *Satyricon*, que já tínhamos visto!).

Enfim, o Belas Artes retoma cada fase da minha vida e foi uma tristeza ler o anúncio, há alguns anos, de que ele fecharia as portas de vez. O fato de ter sobrevivido à crise e não apenas ter permanecido de pé, mas também ter sido reformado para uma nova vida, renova minha fé. Todos os cineastas brasileiros, de uma maneira ou de outra, já passaram por algo semelhante. Acho que tudo é um movimento meio cíclico – resgatamos hoje outros valores que também são importantes. E, o mais importante de tudo, estamos aqui, gritando: luz, câmera, ação!

O que eu queria dizer aqui, é breve, é simples,

E claro.

O cinema, é a tradução da luz do coração.

E eu dedico esse filme à Clarice Lispector.

Não tem nenhuma droga.

Não é hora de tocar a campainha da vizinha.

Eu bebo água para viver,

Fumo cigarros para morrer...

Inventar personagens e conversar com eles.

Ouvir a voz desses personagens.

Fingir que esses personagens não existem.

Resistir sozinho.

O cinema é a criação mais abstrata da minha alma.

(*Poema Noturno* que escrevi em 1987, em intervalo no meu mergulho nas obras de Clarice para elaboração do roteiro de *O Corpo*).

Filmografia (longas-metragens)

2001
• *Minha Vida em Suas Mãos*
Produção: Maria Zilda Bethlem
Produtor-executivo: Jaime A. Schwartz
Música: David Tygel
Fotografia: José Tadeu Ribeiro
Montagem: João Paulo Carvalho
Direção de Arte: Henrique Murthe
Figurinos: Karla Monteiro
Elenco: Caco Ciocler, Maria Zilda Bethlem, Cristina Ache, Suely Franco, Imara Reis, Eduardo Galvão, Cláudia Mauro, Stepan Nercessian, Ney Latorraca, Dartagnan Júnior, Guilherme Leme, Maurício Branco, Cláudio Corrêa e Cas-tro, Cláudio Mamberti, Ana Carbatti, Cissa Guimarães, Paulo César Grande, Ricardo Pe-tráglia, Roberto Bonfim, Antônio Grassi, Luiz Carlos Lacerda, Antonio Pedro, Roberto Talma

1991
• *O Corpo*
Produção: Adone Fragano e Anibal Massaini Neto
Roteiro: José Antonio Garcia e Alfredo Oroz, sobre história de Clarice Lispector
Música: Arrigo Barnabé e Paulo Barnabé
Fotografia: Antonio Meliande
Montagem: Eder Mazzini e Danilo Tadeu

Direção de Arte: Felipe Crescenti
Figurinos: Luiz Fernando Pereira
Coreografia: Lennie Dale
Elenco: Antônio Fagundes, Marieta Severo, Cláudia Jimenez, Sérgio Mamberti, Carla Ca-murati, Maria Alice Vergueiro, Ricardo Pettine, Lala Deheinzelin, Arrigo Barnabé, Guilherme de Almeida Prado, Daniel Filho, Carlos Reichenbach

1984
• *A Estrela Nua*
Co-direção com Ícaro Martins
Produção: Adone Fragano
Produtor-executivo: Ary Fernandes
Roteiro: José Antonio Garcia e Ícaro Martins, sobre história de Clarice Lispector
Música: Arrigo Barnabé
Fotografia: Antonio Meliande
Montagem: Eder Mazzini
Design de Produção: Oswaldo Afonso Mesquita Filho
Figurinos: Emilia Duncan
Elenco: Cristina Ache, Patricio Bisso, Carla Ca-murati, Selma Egrei, José Antonio Garcia, Ícaro Martins, Jardel Mello, Cida Moreyra, Ricardo Petráglia, Vera Zimmerman

1983
• Onda Nova
Produtor-executivo: Adone Fragano

Produtor associado: José Augusto Pereira de Queiroz
Roteiro: José Antonio Garcia e Ícaro Martins
Música: Luiz Lopes
Fotografia: Antonio Meliande
Montagem: Eder Mazzini
Direção de Arte e Figurinos: Cristina Mutarelli
Elenco: Carla Camurati, Tânia Alves, Patricio Bisso, Luiz Carlos Braga, Casagrande, Regina Case, Ênio Gonçalves, Sérgio Hingst, Dartagnan Júnior, Cida Moreyra, Cristina Mutarelli, Osmar Santos, Caetano Veloso, Wladimir, Vera Zimmerman

1981
• *O Olho Mágico do Amor*
Co-direção com Ícaro Martins
Produção: Adone Fragano
Produtor-executivo: Félix Aidar
Roteiro: José Antonio Garcia e Ícaro Martins
Música: Luiz Lopes
Fotografia: Antonio Meliande
Montagem: Jair Garcia Duarte
Direção de Arte: Cristina Mutarelli
Elenco: Tito Alencastro, Tânia Alves, Hércules Barbosa, Arrigo Barnabé, Carla Camurati, Casagrande, Luiz Felipe, Luis Roberto Galizia, José Antonio Garcia, Ênio Gonçalves, Maria Helena, Ismael Ivo, Nelson Jacobina, Leonor Lambertini,

Sofia Loren, Maria Duarte Mam-berti, Sérgio Mamberti, Ícaro Martins, Antônio Maschio, Jorge Mautner, Cida Moreyra, Edu-ardo Mutarelli, Pitta, Gisele Reis, Alaor Santos, Vavá Torres, Wladimir

Prêmios

• *O Olho Mágico do Amor*
1982
Festival de Gramado
Melhor Atriz Coadjuvante: Carla Camurati

1983
Associação Paulista de Críticos de Arte (APCA)
Melhor Filme
Melhor Direção: Ícaro Martins e José Antonio Garcia
Melhor Argumento: Ícaro Martins e José Antonio Garcia
Melhor Atriz: Tânia Alves e Carla Camurati
Melhor Atriz Coadjuvante: Cida Moreyra
Melhor Fotografia: Antonio Meliande
Melhor Montagem: Jair Garcia Duarte
Melhor Cenografia e Figurinos: Cristina Mutarelli

• *A Estrela Nua*
1985
Festival de Gramado
Melhor Atriz Coadjuvante: Cristina Aché
Prêmio Especial do Júri: Carla Camurati

1986
Associação Paulista de Críticos de Arte (APCA)
Melhor Atriz: Carla Camurati

• *O Corpo*
1991
Festival de Cinema de Brasília
Melhor Filme: José Antonio Garcia
Melhor Atriz: Marieta Severo e Cláudia Jimenez

1993
Festival de Cinema de Cartagena
Melhor Ator: Antônio Fagundes
Melhor Filme: José Antonio Garcia
Melhor Roteiro: José Antonio Garcia e Alfredo
Oroz

233

1997
Associação Paulista de Críticos de Arte (APCA)
Melhor Atriz: Marieta Severo
Melhor Roteiro: Alfredo Oroz

• *Minha Vida em Suas Mãos*
2000
Festival de Cinema de Brasília
Melhor Atriz Coadjuvante: Imara Reis

Índice

Crédito das Fotografias

Alexandre de Oliveira 24, 37, 51, 56, 82, 83

Estevam Avellar 196, 199, 200, 202, 205, 207

Renata Bueno 137

Coleção Aplauso

Série Cinema Brasil

Alain Fresnot – Um Cineasta sem Alma
Alain Fresnot

O Ano em Que Meus Pais Saíram de Férias
Roteiro de Cláudio Galperin, Bráulio Mantovani, Anna Muyla-ert e Cao Hamburger

Anselmo Duarte – O Homem da Palma de Ouro
Luiz Carlos Merten

Ary Fernandes – Sua Fascinante História
Antônio Leão da Silva Neto

Batismo de Sangue
Roteiro de Helvécio Ratton e Dani Patarra

Bens Confiscados
Roteiro comentado pelos seus autores Daniel Chaia e Carlos Reichenbach

Braz Chediak – Fragmentos de uma vida
Sérgio Rodrigo Reis

Cabra-Cega
Roteiro de Di Moretti, comentado por Toni Venturi e Ricardo Kauffman

O Caçador de Diamantes
Roteiro de Vittorio Capellaro, comentado por Máximo Barro

Carlos Coimbra – Um Homem Raro
Luiz Carlos Merten

Carlos Reichenbach – O Cinema Como Razão de Viver
Marcelo Lyra

A Cartomante
Roteiro comentado por seu autor Wagner de Assis

Casa de Meninas
Romance original e roteiro de Inácio Araújo

O Caso dos Irmãos Naves
Roteiro de Jean-Claude Bernardet e Luis Sérgio Person

O Céu de Suely
Roteiro de Mauricio Zacharias, Karim Aïnouz e Felipe Bragança

Chega de Saudade
Roteiro de Luiz Bolognesi

Cidade dos Homens
Roteiro de Paulo Morelli e Elena Soárez

Como Fazer um Filme de Amor
Roteiro escrito e comentado por Luiz Moura e José Roberto Torero

Críticas de Edmar Pereira – Razão e Sensibilidade
Org. Luiz Carlos Merten

Críticas de Jairo Ferreira – Críticas de Invenção: Os Anos do São Paulo Shimbun
Org. Alessandro Gamo

Críticas de Luiz Geraldo de Miranda Leão – Analisando Cinema: Críticas de LG
Org. Aurora Miranda Leão

Críticas de Rubem Biáfora – A Coragem de Ser
Org. Carlos M. Motta e José Júlio Spiewak

De Passagem
Roteiro de Cláudio Yosida e Direção de Ricardo Elias

Desmundo
Roteiro de Alain Fresnot, Anna Muylaert e Sabina Anzuategui

Djalma Limongi Batista – Livre Pensador
Marcel Nadale

Dogma Feijoada: O Cinema Negro Brasileiro
Jeferson De

Dois Córregos
Roteiro de Carlos Reichenbach

A Dona da História
Roteiro de João Falcão, João Emanuel Carneiro e Daniel Filho

Os 12 Trabalhos
Roteiro de Claudio Yosida e Ricardo Elias

Estômago
Roteiro de Lusa Silvestre, Marcos Jorge e Cláudia da Natividade

Fernando Meirelles – Biografia Prematura
Maria do Rosário Caetano

Fim da Linha
Roteiro de Gustavo Steinberg e Guilherme Werneck; Storyboard de Fabio Moon e Gabriel Bá

Fome de Bola – Cinema e Futebol no Brasil
Luiz Zanin Oricchio

Guilherme de Almeida Prado – Um Cineasta Cinéfilo
Luiz Zanin Oricchio

Helvécio Ratton – O Cinema Além das Montanhas
Pablo Villaça

O Homem que Virou Suco
Roteiro de João Batista de Andrade, organização de Ariane Abdallah e Newton Cannito

João Batista de Andrade – Alguma Solidão e Muitas Histórias
Maria do Rosário Caetano

Jorge Bodanzky – O Homem com a Câmera
Carlos Alberto Mattos

José Carlos Burle – Drama na Chanchada
Máximo Barro

Liberdade de Imprensa – O Cinema de Intervenção
Renata Fortes e João Batista de Andrade

Luiz Carlos Lacerda – Prazer & Cinema
Alfredo Sternheim

Maurice Capovilla – A Imagem Crítica
Carlos Alberto Mattos

Não por Acaso
Roteiro de Philippe Barcinski, Fabiana Werneck Barcinski e
Eugênio Puppo

Narradores de Javé
Roteiro de Eliane Caffé e Luís Alberto de Abreu

Onde Andará Dulce Veiga
Roteiro de Guilherme de Almeida Prado

Pedro Jorge de Castro – O Calor da Tela
Rogério Menezes

Quanto Vale ou É por Quilo
Roteiro de Eduardo Benaim, Newton Cannito e Sergio Bianchi

Ricardo Pinto e Silva – Rir ou Chorar
Rodrigo Capella

Rodolfo Nanni – Um Realizador Persistente
Neusa Barbosa

O Signo da Cidade
Roteiro de Bruna Lombardi

Ugo Giorgetti – O Sonho Intacto
Rosane Pavam

Viva-Voz
Roteiro de Márcio Alemão

Zuzu Angel
Roteiro de Marcos Bernstein e Sergio Rezende

Série Crônicas
Crônicas de Maria Lúcia Dahl – O Quebra-cabeças
Maria Lúcia Dahl

Série Cinema
Bastidores – Um Outro Lado do Cinema
Elaine Guerini

Série Ciência & Tecnologia

Cinema Digital – Um Novo Começo?
Luiz Gonzaga Assis de Luca

Série Dança

Rodrigo Pederneiras e o Grupo Corpo – Dança Universal
Sérgio Rodrigo Reis

Série Teatro Brasil

Alcides Nogueira – Alma de Cetim
Tuna Dwek

Antenor Pimenta – Circo e Poesia
Danielle Pimenta

Cia de Teatro Os Satyros – Um Palco Visceral
Alberto Guzik

Críticas de Clóvis Garcia – A Crítica Como Oficio
Org. Carmelinda Guimarães

Críticas de Maria Lucia Candeias – Duas Tábuas e Uma Paixão
Org. José Simões de Almeida Júnior

João Bethencourt – O Locatário da Comédia
Rodrigo Murat

Leilah Assumpção – A Consciência da Mulher
Eliana Pace

Luís Alberto de Abreu – Até a Última Sílaba
Adélia Nicolete

Maurice Vaneau – Artista Múltiplo
Leila Corrêa

Renata Palottini – Cumprimenta e Pede Passagem
Rita Ribeiro Guimarães

Teatro Brasileiro de Comédia – Eu Vivi o TBC
Nydia Licia

Silvio de Abreu – Um Homem de Sorte
Vilmar Ledesma

Sonia Maria Dorce – A Queridinha do meu Bairro
Sonia Maria Dorce Armonia

Sonia Oiticica – Uma Atriz Rodrigueana?
Maria Thereza Vargas

Suely Franco – A Alegria de Representar
Alfredo Sternheim

Tatiana Belinky – ... E Quem Quiser Que Conte Outra
Sérgio Roveri

Tony Ramos – No Tempo da Delicadeza
Tania Carvalho

Vera Holtz – O Gosto da Vera
Analu Ribeiro

Walderez de Barros – Voz e Silêncios
Rogério Menezes

Zezé Motta – Muito Prazer
Rodrigo Murat

Especial

Agildo Ribeiro – O Capitão do Riso
Wagner de Assis

Beatriz Segall – Além das Aparências
Nilu Lebert

Carlos Zara – Paixão em Quatro Atos
Tania Carvalho

Cinema da Boca – Dicionário de Diretores
Alfredo Sternheim

Dina Sfat – Retratos de uma Guerreira
Antonio Gilberto

Eva Todor – O Teatro de Minha Vida
Maria Angela de Jesus

Formato: 12 x 18 cm

Tipologia: Frutiger

Papel miolo: Offset LD 90 g/m^2

Papel capa: Triplex 250 g/m^2

Número de páginas: 252

Editoração, CTP, impressão e acabamento:
Imprensa Oficial do Estado de São Paulo

Coleção Aplauso Série Cinema Brasil

Coordenador-geral	Rubens Ewald Filho
Coordenador Operacional e Pesquisa Iconográfica	Marcelo Pestana
Projeto Gráfico	Carlos Cirne
Editor-assistente	Felipe Goulart
Assistente	Edson Silvério Lemos
Editoração	Fernanda Buccelli
Tratamento de Imagens	José Carlos da Silva
Revisão	Benedito Amancio do Vale

© **imprensaoficial** 2008

Dados Internacionais de Catalogação na Publicação
Biblioteca da Imprensa Oficial do Estado de São Paulo

Nadale, Marcel
    José Antônio Garcia : em busca da alma feminina /
Marcel Nadale – São Paulo : Imprensa Oficial do Estado de
São Paulo, 2008.
    252p. : il. – (Coleção aplauso. Série cinema Brasil /
Coordenador geral Rubens Ewald Filho)

    ISBN 978-85-7060-651-8

    1. Cinema – Diretores e produtores – Brasil - Biografia
2. Cinema – Brasil - História 3. Garcia, José Antônio,
1955 - 2005 - Biografia I. Ewald Filho, Rubens. II. Título.
III. Série.

CDD 791.437 098 1

Índices para catálogo sistemático:
1. Cineastas brasileiros : Apreciação crítica 791.437 098 1

Imprensa Oficial do Estado de São Paulo
Rua da Mooca, 1.921   Mooca
03103-902   São Paulo   SP
www.imprensaoficial.com.br/livraria
livros@imprensaoficial.com.br
Grande São Paulo SAC 11 5013 5108 I 5109
Demais localidades 0800 0123 401